アメリカン・ポップスの心

芳賀 修栄 著
Haga Shuei

Billy Joel

1980
2000
American Pops

大修館書店

まえがき

　中学2年生の時，両親に頼んで，英語の勉強のためだからと *Sounds of Silence*/Simon & Garfunkel (1966) を買ってもらったことが，洋楽にはまる契機となった。初めて買った洋楽のLPレコードだったが，本当は *Greatest Hits* (1972)を買うつもりだったのに，動揺して間違えてレジに出してしまったのだった。「明日に架ける橋」や「ボクサー」を覚えたいという気持ちがあったのに，家に帰ってから間違いに気付き，ずいぶんがっかりした覚えがある。次に買ったのが『カーペンターズ・ゴールデン・プライズ第2集 (1974)』だった。このレコードは数百回ターン・テーブルに乗った。わけもわからずに，ただ聴くだけだった僕が，学校での英語学習が進むにつれて，歌詞を読んでみたい，理解してみたいと思うようになっていった。

　それから約10年後に教員となり，日々英語を教えるという立場になった。そして教員生活も19年目に入った。今でも洋楽を聴く度に，心が躍る。どんなストーリーがあるのだろうか，どんな語句が使われているのか，教室で使える材料はないか，などなど，いろんな視点から楽しむことが出来る。

　この本を作成するにあたっては，洋楽ファンの一人として，洋楽を英語学習に役立てるという贅沢な望みに，少しでも応えようと工夫してみた。また，楽曲を楽しむという目的で，そのガイドブックとしても使っていただきたい。

　例えば，こんな楽しみ方はいかがだろうか。

① まずは楽曲を聴いてじっくり楽しんでみる。
② 歌詞を見ながら一緒に歌ってみる。
③ 訳詞を見て，意味を確認し，「語句解説」を読んで，もう一歩踏み込んで理解してみる。そして今度は，感情を込めて歌ってみる。語句・文法・構文の理解が，内容の理解に結びついていることに気付いていただけるはずだ。
④「曲及びアーティスト解説」で一息入れる。純粋に音楽ファンとして，僕自身が興味を持ったことを多く記載してある。きっと楽しんでいただけると自負している。ここはコーヒーでも飲みながらどうぞ。
⑤ "Let's use expressions !" には中学と高校で習う重要構文・文法の初歩的な項目を選んだ。特に重要な項目については，例文を変えて繰り返しとり上げ，定着を図れるようにした。また，同時に洋楽頻出項目にもなっているので，今後別の曲を聴く時の準備にもなる。
⑥ 気に入った曲が見つかったら，自分の宝物として大事に聴き続けていただきたい。どんな時もどんな所でも，心の支えになってくれるはずだ。
⑦ ところどころにある♪（補足説明）を読んで，もし興味を持ったら，今度は皆さん自身が，素敵な曲に巡り会う努力をしていただきたい。この本で取り上げることが出来なかった楽曲のこともコメントしてある。

歌詞を見ないでも歌えるところまで到達すれば，その楽曲についてはマスターしたと言ってよいだろう。そうしたら次の目標はその楽曲を歌うアーティストのコンサートに行くことだ。僕は2000年秋に，ロンドンでポール・サイモンのコンサートに行った。そこで「ボクサー」を聴いた時，周りの人の迷惑にならないくらいの声で，彼と一緒にこの曲を歌った。「サウンド・オブ・サイレンス」も「アイ・アム・ア・ロック」も一緒に歌った。洋楽を通して英語を学習してきたことの全てが報われたような思いがした夜だった。

音楽情報に関しては，可能な限り正確なものにしたつもりだが，

もし誤った情報があったら，巻末のメール・アドレスまでご指摘いただければ幸いである。また，歌詞の解釈についても同様だ。「僕はこう思う」という視点からの対訳であることと，教室で学習することも想定した英文(詞)和訳であることを了解して読んでいただきたい。

　この本を作成するにあたっては，大修館書店の須藤彰也氏が，洋楽を愛する気持ちをEメールや口頭で熱く伝えて下さった。そしてその心でずっと僕を導いて下さった。心より感謝申し上げたい。そして，中学生だった僕の英語に対する興味を大事にしてくれた両親にも感謝している。何でもそうだが，やる気を大事にしてくれる周囲の人の存在も，物事を続ける重要要素なのだから。

　この本が，英語を学習しようという意欲を持つ多くの方々のやる気を持続させる一助となることを，執筆を終えた今，夢見ているところだ。

2002年5月

芳　賀　修　栄

Contents

まえがき ... iii

Longer (1980) ◆ Dan Fogelberg ... 2
Africa (1982) ◆ TOTO ... 8
The Longest Time (1983) ◆ Billy Joel ... 16
Time After Time (1984) ◆ Cyndi Lauper ... 26
Everytime You Go Away (1985) ◆ Paul Young ... 40
These Dreams (1986) ◆ Heart ... 48
I Just Can't Stop Loving You (1987) ◆ Michael Jackson ... 60
Angel (1988) ◆ Aerosmith ... 72
I'll Be There for You (1989) ◆ Bon Jovi ... 80
Love of a Lifetime (1990) ◆ Firehouse ... 90

Losing My Religion (1991) ◆ R.E.M.	98
Runaway Train (1992) ◆ Soul Asylum	110
Without You (1993) ◆ Mariah Carey	122
I'll Make Love to You (1994) ◆ Boyz II Men	130
To Love You More (1995) ◆ Celine Dion	140
Real Love (1996) ◆ The Beatles	152
I Won't Last a Day Without You (1997) ◆ Paul Williams	160
One Week (1998) ◆ Barenaked Ladies	168
Sweet Child O' Mine (1999) ◆ Sheryl Crow	180
American Pie (2000) ◆ Madonna	188
参考文献	200

〈写真等資料協力〉

A & M Records
Geffen Records, An MCA Company
ソニー・ミュージックエンタテインメント
ソニー・ミュージック ジャパン インターナショナル
東芝 EMI
PolyGram Records
ポリドール
ユニバーサル ミュージック
ワーナーミュージック・ジャパン

〈参　考〉

　楽曲の基本的な入手方法は，レコード会社から発売されている CD を購入することであるのは当然ですが，近頃はインターネットなどを通じた音楽配信も普及してきました。「音楽配信」とは楽曲をパソコンや携帯電話などで扱えるデータ（MP3，WMA などの形式）に変えて，さまざまなメディアを通してやりとりすることです。手軽に 24 時間いつでも購入できることが主なメリットです。ここでは，その利用法を簡単にご紹介しましょう。

　まず，インターネットの検索サイトに行き，「音楽配信」や"music download"といったキーワードでサイトを検索します。そこで見つかったサイトに行きますと，たいていアーティスト名や楽曲名でリサーチするシステムになっていますので，求める曲の情報を入力します。するとそのサイトのデータの中にその楽曲がある場合には該当リストが出てきますので，その楽曲を選び試聴（長さは 30 秒から 45 秒が主流）します。求めている楽曲であることを確認したら，画面の指示に従って購入（価格は 1 曲 100 円から 350 円が主流）となります。決済方法はクレジットカード，大手プロバイダーの決済システム使用，プリペイドカードなどがあります。詳しくは音楽・パソコン関係雑誌なども参照し，各人の責任で慎重に購入してください。また市販の CD と同じで，著作権法上，購入されたデータは個人で利用するためのものと定められていますのでご注意下さい。

アメリカン・ポップスの心

Longer

Dan Fogelberg

Longer than there've been fishes in the ocean,
Higher than any bird ever flew,
Longer than there've been stars up in the heavens,
I've been in love with you.

Stronger than any mountain cathedral. 5
Truer than any tree ever grew.
Deeper than any forest primeval.
I am in love with you.

I'll bring fire in the winters.
You'll send showers in the springs. 10
We'll fly through the falls and summers.
With love on our wings.

Through the years as the fire starts to mellow,
Burning lines in the books of our lives,
Though the binding cracks 15
And the pages start to yellow,
I'll be in love with you.

I am in love with you.

Words & Music by Dan Fogelberg © Copyright 1979 by HICKORY GROVE MUSIC Rights for Japan controlled by Shinko Music Publishing Co., Ltd., Tokyo Authorized for sale in Japan only

> **アウトライン**
>
> 「この世の中のどんなものよりも長い間，僕は君を愛してきた。その愛はどんなものよりも強い。二人でいつまでも，どこまでも，愛の翼で飛び続けよう。二人の愛を綴った本が黄ばんでしまっても，僕は君を愛しつづけるつもりだ。」

海にいる魚たちよりずっと長い間，
どんな鳥も飛べないほどの高いところで，
星が天空の高いところで瞬いてきたよりも長い間，
僕は君のことを愛してきた。

山にあるどんな大聖堂よりも強く。
どんな木よりも真摯な心で。
どんな太古の森よりも深く。
僕は君のことを愛している。

冬，僕は君の所に火を持って行ってあげる。
春，君は僕に雨を送ってくれる。
僕たちは秋と夏を飛んで行く，
翼に愛を乗せて。

長い年月の間に，僕たちの愛の炎が豊かでまろやかになり始め，
僕たちの人生を綴った本の中にある文章を燃やしてしまっても，
表紙ににひび割れが出来たり
本のページが黄ばみ始めても，
僕は君を愛するつもりだ。

僕は君を愛している。

● *語句解説 & エピソード*

1 **(I've been in love with you) longer than there've been....** 結局1番は全部このように倒置構文になっていて，内容をドラマチックに強調している。
 there've there have の短縮形。
2 **ever** 「かつて，今までに」 最上級や比較級を強調する副詞。
3 **up in the heavens** 「天に」 主に文語表現。the heavens＝sky の意味になる。
4 **be in love with〜** 「〜に恋をしている，惚れている」（例）John and Yoko are in love with each other.（ジョンとヨーコは相思相愛の仲だ。）
5 **any〜** 「どんな〜」
 cathedral 「大聖堂，カテドラル」
6 **truer** true（真実の，本当の）の比較級。（例）The story is too good to be true.（その話は上手すぎて本当とは思えない。）
 grew grow（育つ）の過去形。
7 **deeper** deep（深い）の比較級。反対語は shallow。（例）In Yamagata, the snow is knee deep.（山形では雪は膝まである。）
 forest primeval 「太古の森」 forest（森林，大森林，密林）は wood より大きい。primeval（原始の，太古の）は文語的表現。本来は a primeval forest（原始林）だが，ここでは5行目と韻をふませるために倒置されている。
9-11 **the winters.... the springs.... the falls and summers** 「冬春秋夏」日本語なら「春夏秋冬」とするところだが，9行目と11行目，10行目と12行目で韻をふませるための工夫がなされている。♪

>♪春夏秋冬をモチーフにした曲に *You've Got a Friend*（1971，邦題：きみの友だち）がある。Carole King 作の名曲だ。James Taylor は彼の第1作アルバム *Mud Slide Slim* でこの曲を歌ってい

る。彼は長身のシンガー・ソング・ライターでアコースティック・ギターの名手。20年程前にNHKの『セサミ・ストリート』にPaul Simonと共にゲスト出演していたのを見た記憶がある。サイモンが小柄だったこともあるが，大きい人なんだな，という印象が強かった。初の全米1位曲が自分の曲ではなかったものの，将来を期待されていた。その後もたくさんのヒット曲を発表するのだが，いまだに自作曲は1位になっていない。1971年はGeorge HarrisonのMy Sweet Lordの1位で幕を開け，Ringo StarrのIt Don't Come Easy，Carol KingのIt's Too Lateなども1位を獲得した年だった。

10 **showers** 「にわか雨」
11 **fly through 〜** 「〜を通り過ぎてゆく」 (例)Time flies.(光陰矢の如し。)
12 **with love on 〜** 「〜に愛をのせて」 withは「〜を身に付けて，〜しながら，〜した状態で」などの意味がある。(例)Take a digital camera with you.(デジカメを持って行きなさい。)
13 **as 〜** 「〜するにつれて」
    mellow 「熟す，円熟する，豊かになる」=become mature
    この行は，「年月が経つにつれ，二人の愛の炎もやわらかくなってくる」くらいの意味。
14 **burn 〜** 「〜を燃やす，焦がす」
    line 「行，詩」 (例)Students should read between the lines.(学生は行間を読むべきだ。)
15 **Though (there are) the binding cracks** 「表紙に亀裂があるけれど」
    though 「〜だけれども，にもかかわらず」=although
    binding 「表紙，装丁，製本」
    crack 「割れ目，裂け目，ひび」 (例)I found a crack in the window yesterday.(昨日僕は窓にひびが入っているのを見つけた。)
16 **yellow** 「黄色になる，黄ばむ」

● *曲及びアーティスト解説*

　これでもかという程の，深い愛をメロウに綴った名曲。シンガー・ソング・ライターとしての名声を持つ，ダン・フォーゲルバーグの，お得意の手法が満載の曲。彼のそれまでのイメージは，「大ヒットは無くても，良質のラブ・ソングを作り，マイ・ペースで活動する」というものだった。しかし80年にこの曲が全米2位となり，本人も含め，皆が驚いた。80年は，合計22曲が全米1位となり，主な1位曲には，*Rock with You*/Michael Jackson, *Another Brick in the Wall*/Pink Floyd, *Magic*/Olivia Newton John, *(Just Like) Starting Over*/John Lennon などがある。

　Longer はそのタイトルからも「比較構文」を学習するのに適していることは明らかだ。"Dan is taller than Michael." のような，ある意味では無機質な例文から「比較」を表す英語の世界に入った僕にとって，自分の気持ちをこんなにダイレクトに伝える時にも使えることを教えてくれた，という観点からも，大いに利用価値のある曲なのだ。多くの人が習った覚えがあるだろう「the＋比較級～，the＋比較級…」の構文。現実に使われているのだろうか？と疑問に思っているのなら，その答えはイエス。例えばダン・フォーゲルバーグが1987年に発表したアルバム *Exiles* 収録の *Lonely in Love* でこの構文が使われている。

　中学入学時に英語に出会い，学習を始めたほとんどの日本人にとって，学んだことが実際に使われているのかどうか，特に学校で学んだことが使われているのかどうかは，巷ではよく疑問点として話題にのぼっている。ロックの世界ではその答えはイエスで，学校で学んだ英語の集合体みたいなものだ。*Longer* なんて，そのまま高校生用の教科書に載せたとしても，何の違和感も無い。この本に登場する20曲には，僕らが学んできた英語が随所に現れ，一つ一つ異なったストーリーが綴られている。メロディーだけでなく，歌詞の内容自体にも味わいのある楽曲だ。この本の中から皆さんの気持ちを代弁してくれる曲や，英語の勉強に役立てようという贅沢な要求を満たしてくれる曲がきっと見つかる筈だ。

［1980年：全米最高2位］

● *Let's use expressions!*

4 I have been 〜 : ずっと〜している
I have been in love with you.
　　　　　　　sick in bed all day.
　　　　　　　waiting for her for an hour.
　　　　　　　working for the restaurant for five months.

9 I'll bring 〜 : 〜を持ってくる
I'll bring fire in the winters.
　　　　　her a diamond ring.
　　　　　a diamond ring for her.
　　　　　some flowers to school tomorrow.

11 We will 〜 : 私たちは〜する
We will fly through the falls and summers.
　　　　　sing and dance around in the garden.
　　　　　be so happy to hear Beatles' songs.
　　　　　wash up all these dishes.

16 start(s) to 〜 : 〜し始める
The pages **start to** yellow.
She **started to** understand what I said.
The judge **started to** speak.
It has **started to** snow.

Africa
TOTO

I hear the drums echoing tonight.
And she has only whispers of some quiet conversation.
She's coming in twelve-thirty flight.
The moonlit wings reflect the stars that guide me towards salvation. 5
I stopped an old man along the way,
Hoping to find some long-forgotten words for ancient melodies.
He turned to me as if to say,
"Hurry, boy, it's waiting there for you." 10

It's gonna take a lot to drag me away from you.
There's nothing that a hundred men or more could ever do.
I bless the rains down in Africa.
Gonna take some time to do the things we never have for you. 15

The wild dogs cry out in the night,
As they grow restless longing for some solitary company.
I know that I must do what's right.
Sure as Kilimanjaro rises like a limbless above the sad Kenya, 20
I seek to cure what's deep inside,
Frightened of this thing that I've become.
Hurry, boy, she's waiting there for you.

Words & Music by David Paich, Jeff Porcaro
© Copyright 1982 by Hudmar Publishing Co., Inc. & Rising Storm Music The rights for Japan licensed to Sony Music Publishing (Japan) Inc.

> **アウトライン**
>
> 「夜の闇の何処からか,太鼓の音が聞こえてくる。もうすぐ到着する彼女の囁き声にも聞こえてしまう。アフリカの大自然の中で,自分を変えてくれる何かを求めて進む。」雄大な大地アフリカをバックに,強い意志を持ち生きようとする内容の曲。

今夜は何処からか太鼓の音がこだまして聞こえてくる。
そして彼女は静かに会話をしていて,囁きしか聞こえない。
彼女がやって来る,12時半の飛行機で。
月の光に照らされた翼は,僕を魂の救済へと導く星々を
　映している。
僕は旅の途中で一人の老人に声をかけた,
昔から伝わる旋律の,とっくに忘れていた言葉を
　探そうとして。
その老人は,こんなことを言うかのように振り向いた,
　「さあ,君,急ぐのだ。何かが君をそこで待っている。」

僕を君から離そうとしたら,大変なことだ。
100人以上の人が集まったとしても,どうにもならない。
アフリカの雨の恵みに感謝しよう。
今までしたことの無いことをするには,少し時間がかかる,
　君のためになることを。

夜の深いところで,野犬が吠える,
孤独な仲間を捜し求めて,落ち着きを無くして。
僕は正しいと思うことをしなければならない。
キリマンジャロ山が手足の無い動物のように,悲しげなケニヤの上にそ
　びえ立つようにどっしりと構え,
僕は心の深いところにある何かを癒そうとする,
自分がそうなってしまったことに怯えながらも。
さあ,君,急ぐのだ。彼女があそこで君を待っている。

● 語句解説 & エピソード

1. **I hear the drums echoing tonight** hear（聞こえる）は知覚動詞。echoing（こだましている）には、「今ちょうどこだましているのが聞こえる」のニュアンスが含まれる。(例)I want to have you hear me saying that you're the only one that I love.（僕が愛しているのは君だけだと言っているのを君に聞いて欲しいのだ。）
2. **only whispers of some quiet conversation** 「囁きのように静かな会話」
3. **She's coming** 予定表，時刻表などで決まっている未来を現在形や現在進行形で表すことができる。(例)I'm seeing George this afternoon.（午後ジョージと会う約束がある。） The concert begins at 7:30 this evening.（コンサートは今夜7時半に始まる。）
   flight 「定期航空便，フライト」
4. **moonlit** 「月に照らされた」
   reflect 「反射する，映す」 (例)A mirror reflects light.（鏡は光を反射する。）
   the stars that guide me towards ~ 「私を~へ導く星々」 that は関係代名詞。
5. **salvation** 「魂の救済，保護，救う人」
6. **along the way** 「途中で」
7. **hoping** 分詞構文で「願いながら」の意味。
   words for ancient melodies ここでの "for ~" は「~で使われる」だから，アフリカ伝承曲の歌詞のこと。
9. **turn to ~** 「~へ向く」 (例)Turn to the right.（右に曲がりなさい。）
   as if to say ~ 「あたかも~と言うかのように」
10. **hurry** 「急ぐ」 (例)She hurried to HMV to buy a CD.（彼女はCDを買いにHMVへ急いだ。）

11 **it's gonna (is going to) take a lot to ~**　「〜するのは大変だ」ここでの take は「誰かが何かをするのに時間・労力・勇気などを必要とする」の意味。(例)It took Paul two weeks to write "Let It Be."(ポールが「レット・イット・ビー」を書くのに2週間かかった。)

drag　「引きずる,引っ張る」

13 **bless**　「神の加護を祈る,恩恵を受ける,感謝する」 (例)Bless the beasts and the children. Keep them safe.(動物と子供たちに神の恩寵がありますように。守ってあげよう。)

14 **the things we never have (done) for you**　「君のために今まで決してしなかったこと」　現在完了形は have/has＋過去分詞。ここでは done が省略されていると解釈できる。(例)I've (＝ I have) lost the only girl I had.(僕はたった一人の彼女を失ってしまった。)

16 **cry (out)**　「大声をあげる,叫ぶ,吠える」

17 **as ~**　「〜なので」

grow ~　「〜の状態になる」

restless「落ち着かない,不安な」(例)The dogs became restless at the scent of the fox.(犬たちはキツネのにおいで落ち着きを無くした。)

long for　「思いこがれる,切望する」 (例)I long for her return.(僕は彼女が帰ってくるのを待ちこがれている。)

18 **must ~**　「〜しなければならない」＝have to

what's right ＝ what is right

19 **(As) Sure as Kilimanjaro rises like a limbless above the sad Kenya,**「キリマンジャロ山が悲しきケニヤの地にどっしりと構えてそびえているように毅然として」　主人公の強い意志を山になぞらえて表現した部分だと思う。キリマンジャロに敬意を表している意図もあるのだろう。

limbless　「手足のない」　これはキリマンジャロ山が,どっかりと鎮座している様子を表現している。

21 **seek 〜** 「〜しようと努める」文語的表現で,クライマックスを盛り上げようと工夫がなされている。

cure 「治す,治療する,害を取り除く」(例)The doctor cured the pain in my neck.(医者が首の痛みを治してくれた。)

22 **Frightened of this thing that I've become.** 「僕がなってしまったこの状態に怯えながら。」 分詞構文(〜しながら)。過去分詞を使った分詞構文では,受身の場合は普通冒頭の being を省略する。(例)(Being) Seen from a distance, the world looks blue and green.(遥か遠くから見れば,世界は青と緑に見える。)

be frightened 「怖いと思う」

23 **hurry** 「急ぐ」 (例)You can't hurry love.♪(恋はあせらないことだ。)

> ♪例文と同じタイトルの曲に Phil Collins の *You Can't Hurry Love*(邦題:恋はあせらず)がある。82年全米10位。オリジナルはダイアナ・ロスのいた Supremes(シュープリームス)で,66年全米1位。彼女達の次の全米1位は同年発表の *You Keep Me Hangin' on*(邦題:恋はおしまい)で,この曲の直前の全米1位曲は *Yellow Submarine*/The Beatles だった。

● *曲及びアーティスト解説*

　80年代末に，来日直後のアメリカ人外国人講師から，「日本のイメージは，seaweed（海苔）とrobot（ロボット）だなあ。それとあなたの家にはCDプレーヤーあるの？　ビデオデッキはある？　あるならあなたははリッチだね。」と話しかけられた記憶がある。ロボットについては，83年にStyxが「ドーモ・アリガト・ミスター・ロボット」のフレーズを含んだ *Mr. Robot* という曲を発表して全米1位に輝いていたので，それのイメージがアメリカ人の中にあるのかな，と想像していた。外国に対するイメージというのは，かなり歪曲して捉えがちなものだろうから，その時は「まあ，米国人から見た日本は，こんなものかな」と，自分自身を納得させた。

　さてこの曲。まずグループ名が，日本人にとって「何これ？」と思わせる，意外性のあるものだ。彼らが日本に初来日した時，トイレに入って自分たちのグループ名があちらこちらにあるのを見つけ，びっくりしたというエピソードは，ちょっと出来すぎかなと思うが。それと「アフリカ」と聞いて，日本人が思い浮かべるものは何だろうか？さらにアメリカ人がアフリカをどう見ているのか。その答えのごく一部ではあろうが，アメリカ人の外国に対する見方を知ることのできる代表曲と言えるだろう。「スキヤキ（邦題：上を向いて歩こう）」が最初に米国に紹介された折，曲の紹介をすることになったDJの知っていた日本の事柄が「スキヤキ」だけだった。それでこのタイトルになったという話を聞くと，この程度の日本に対する認識なのかな，とも思うが，異文化理解の難しさを感じるところでもある。

　この曲は82年に発表された，彼らの4枚目のアルバム *TOTO IV* の，B面ラストの曲。アルバム中演奏時間の最も長い，所謂ラストを大々的に飾る大曲として，彼らの代表曲となっている。アルバムのA面1曲目は *Rosanna* で，Steve Lukatherのギターも素晴らしく，彼に憧れてギターを練習した人も多いのではないだろうか。当時のギター雑誌では，毎号のように彼らの曲のコピー譜が掲

載され，ルカサーのテクニックに魅せられつつ，僕も何度も彼らの曲を聴いたものだった。また当時売り出されて間もなかったデジタル・シンセサイザーを駆使した，所謂ハイテク満載の楽曲が続く。(特にヤマハの DX-7 は画期的だった。) アルバムから3曲目のシングルとして「アフリカ」は82年10月にリリースされ，全米1位となった。Men At Work の *Down Under* を抜いての1位だった。

アルバムは83年2月末の，第25回グラミー賞で *Album of the Year* を受賞，アレンジ部門でも賞を獲り，「アフリカ」は *Record of the Year* 賞に輝いた。スタジオ・ミュージシャンとして Bozz Scaggs の *Silk Degrees* (1976) に参加してから数年で，全米のトップに登ったという印象が強いが，その間も来日公演を果たすなど，着実にキャリアを積み重ねていた。　　　　[1982年：全米最高1位]

TOTO IV

● *Let's use expressions!*

1 hear 〜：〜が聞こえる（知覚動詞）
I **hear** the drums echoing tonight.
In England, I often **heard** blackbirds singing in the morning as well as in the dead of night.
I can **hear** students screaming in the schoolyard.
When Billy was walking past her room, he **heard** Carole singing "You've Got a Friend."

3 is[are] 〜 ing：計画された未来をあらわす現在進行形
She**'s coming** in twelve-thirty flight.
John **is leaving** for America tomorrow.
Kenny **is leaving** home late in the evening.
I**'m seeing** Cyndi today.

6 stop 〜：〜を止める
I **stopped** an old man along the way,
George **stopped** complaining immediately.
Paul **stopped** talking to listen to the music.
John **stopped** his work at five.

9 as if 〜 = as though〜：あたかも〜かのように
He turned to me **as if** to say, "Hurry, boy, it's waiting there for you."
Ringo turned to John **as if** to say, "I don't know the rule."
Elton turned to me **as if** to say the word I was thinking of.
It looks **as if** it's going to snow.

11 take：（時間・労力・勇気など）を必要とする
It's gonna **take** a lot to drag me away from you.
It's going to **take** some time to finish the assignment.
It would **take** a few hours to get to the airport.
It **takes** years of practice to become a great musician.

The Longest Time

Billy Joel

Oh, oh, oh, for the longest time.
Oh, oh, oh, for the longest time.
If you said goodbye to me tonight,
There would still be music left to write.
What else could I do?
I'm so inspired by you.
That hasn't happened for the longest time.

Once I thought my innocence was gone.
Now I know that happiness goes on.
That's where you found me,
When you put your arms around me.
I haven't been there for the longest time.

Oh, oh, oh, for the longest time.
Oh, oh ,oh, for the longest time.
I'm that voice you're hearing in the hall.
And the greatest miracle of all,
Is now I need you.
And how you needed me too.
That hasn't happened for the longest time.

Maybe this won't last very long.
But you feel so right.
And I could be wrong.
Maybe I've been hoping too hard.

> **アウトライン**
>
> シンプルなラブ・ソング。「こんな気持ちになったのは，本当に久しぶり，ずい分考えてみたけど，結局君が好きで好きでたまらない。ずっと長い間，君を抱きしめていたい。」彼女へのストレートな思いが，痛いほど伝わってくる曲だ。

すごく，すごく，長い間。
すごく，すごく，長い間。
もし今夜君が僕にさよならって言ったとしても，
それでも僕には作るべき音楽があるのだ。
だって他に何もできないから。
僕は君のおかげでがんばれるのさ。
そんな気持ちになったことは，長い間なかった。

純粋な気持ちが無くなったのかな，と思ったことがあった。
でも今は幸せな気持ちが続いている。
そんな時君は僕に会ったのさ，
君が僕に抱きつく時の幸せ。
そんな幸せな気持ちには，長い間なっていなかった。

すごく，すごく，長い間。
すごく，すごく，長い間。
君が廊下で聴いているのは，僕の声。
そして，これは全く奇跡みたいなことだけど，
僕には君が絶対必要なのだ。
そして君にも僕が絶対必要なのだ。
こんなこと長い間なかったことだよ。

こういう状態は長くは続かないかもしれない。
だけど，君が感じていることは，正しいことさ。
僕の方が間違っているのかも。
ひょっとして僕は，望みが強すぎたのかも知れない。

But I've gone this far.
And it's more than I hoped for.

Who knows how much further we'll go on.
Maybe I'll be sorry when you're gone.
I'll take my chances.
I forgot how nice romance is.
I haven't been there for the longest time.

I had second thoughts at the start.
I said to myself,
Hold on to your heart.
Now I know the woman that you are.
You are wonderful so far.
And it's more than I longed for.

I don't care what consequence it brings.
I have been a fool for lesser things.
I want you so bad.
I think you ought to know that.
I intend to hold you for the longest time.

Words & Music by Billy Joel © JOELSONGS Rights for Japan controlled by EMI Music Publishing Japan Ltd. c/o Fujipacific Music Inc.

でも僕は，こんな気持ちにまでなってしまったのだ。
望んでいたよりもずっと素晴らしい気持ちに。

僕たちがこれからどうなるかなんて，誰にもわからない。
もし君がいなくなったら，きっと悲しいはずだ。
僕はこのチャンスを逃さないぞ。
恋することがどんなに素敵なことか忘れていた。
こんな気持ちになったことは，長い間なかった。

最初はよく考えてみるつもりだった。
自分自身にこう言ったのだ。
自分の気持ちに嘘をつくなって。
君という女性を知ってしまった。
君は素晴らしい女性だ。
そして，それは望んでいた以上に。

たとえどんな結末が待っていようと構わない。
僕は，つまらないことにこだわっていた。
僕には君が絶対必要なのだ。
君にもそれはわかるはずだ。
僕は君を抱きしめていたいのだ，ずっと，ずっと，長い間。

● 語句解説 & エピソード

3-4 **If you said goodbye to me tonight, there would still be music left to write.** 仮定法過去。現在の事実に反することや，ありそうにないことを「仮想」する構文。過去形を使って現在の状態から乖離するところがミソ。

5 **else** 「その他に，代わりに」（例）What else did you say? (君は他に何と言ったのですか？)

6 **inspire** 「鼓舞する，奮起させる，感激させる」 名詞形はinspiration。直訳だと「感激」になるのですが，訳は皆さんも考えてみてください。

7 **That hasn't happened for the longest time.** 「そんなこと（前行の内容）は長〜いことなかった。」 最上級を用いてその長さを強調している。

8 **once** 「かつて，昔，過去のある時期に」
innocence 「無罪，潔白，無邪気」 反対語は guilty。
was gone 「なくなってしまった」 be＋過去分詞で完了した状態を表す。ただし動詞は主に go, finish などの「動き」を表す自動詞。

9 **happiness goes on** 「幸せが続く」 go on（続く，続ける）（例）The Iron Maiden's concert went on until midnight. (アイアン・メイデンのコンサートは深夜まで続いた。)

10 **That's where you found me** ＝ That is (the place) where you found me　この場合の場所とは彼女との愛を育んでいけそうな心の中の場所，ほどの意味か。

11 **arm** 「腕＝肩から手首まで」（例）John is walking arm in arm with Yoko. (ジョンはヨーコと腕を組んで歩いている。)

12 **I haven't been there for the longest time.** 「そんな場所にはずっと長いこといったたことがなかった。」 there は「幸せを感じることのできる場所」。

15 **I'm that voice you're hearing in the hall.** ＝ It is my voice

that you're .... (君が廊下で聞いているのは僕の声さ。)
hall「ホール，大広間，玄関，廊下」(例)Please leave your raincoat in the hall. (雨具は玄関に置いて下さい。)

16-18 **And the greatest miracle of all is now I need you and how you needed me too**「最高に素晴らしい奇跡は，今僕が君を必要としていて，君も僕をすごく必要としているということだ。」♪

> ♪ love という言葉を使わずに，どれだけ愛しているかを伝えている。*Love Me Do*, *She Loves You* などのストレートな歌詞も爽快だが，こういう捻りを利かせた歌詞もいい。Whitney Houston の全米1位曲 *Greatest Love of All*（1986）は「至上の愛」とでも訳せるだろうか。86年の全米1位曲中，タイトルに love が使われた曲は *Addicted to Love*/Robert Palmer, *Why Can't This Be Love*/Van Halen, *Glory of Love*/Peter Cetera, *Higher Love*/Steve Winwood, *You Give Love a Bad Name*/Bon Jovi だった。愛にもいろいろあるのですよね。

20 **last**「続く，持ちこたえる」 この意味での形容詞は lasting（永続する，長持ちする）。

22 **And I could be wrong.**「そして僕が悪いのかも知れない。」could は語調をソフトにする働きがある。

23 **hard**「懸命に，激しく，強く」 ここでは副詞。(例)I held her hand too hard. (僕は彼女の手をすごく強く握った。)

24 **But I've gone this far.**「でも僕はこんなに遠くまで来てしまった。」 this（こんなに，これだけ）は副詞。(例)The cat I saw was about this big. (僕が見た猫はこのくらいの大きさだった。)

26 **Who knows how much further we'll go on?**「どれだけ遠くまで僕たちが行くのか誰も知りはしない。」 "Who knows?" は反語表現で「誰が知っているものか，誰も知りはしないのだ。」の意味。
further「さらに遠くへ，もっと先に」 (例)She can't run

any further.（彼女はもうこれ以上走れない。）
go on　「進み続ける，物事を続ける」
27 **sorry**　「後悔して，すまなく思って，残念に思って」
29 **forgot**　原形は forget（忘れる），反対語は remember。
romance　「恋愛，情事」
31 **second thought**　「再考」
32 **say to oneself**　「心の中で考える，思う，ひとり言を言う」
「ひとり言を言う」は talk to oneself の方が普通。
33 **Hold on to your heart.**　「自分の心を大事にしろ。」
hold on to ～　「～を離さない，～にしがみつく」
35 **so far**　「今までのところは，この時点まで」（例）So far our band has been very successful.（今までのところ，我々のバンドはすごく上手くいっている。）
36 **And it's more than I longed for.**　「君が素晴らしい女性であるということは，僕が望んでいた以上だ。」 it は前の行までをさすと考えていいだろう。
long for　「思いこがれる，切望する」
37 **consequence**　「結果，成り行き」＝result
39 **I want you so bad.**　「君がどうしても欲しい。」 bad（はなはだしく）は口語表現。
40 **ought to ～**　should とほぼ同じ。大まかに 3 つの意味がある。①義務・助言：～すべき，②強い可能性・期待：～のはず，③（否定形で）禁止：～すべきではない。（例）① You ought to (/should) go and see the film.（その映画を見に行くべきだ。）② The train ought to (/should) arrive at the railway station soon.（その電車はすぐに駅に到着するはずだ。）③ You ought not to (/shouldn't) eat like that.（そんな風に食べるべきではない。）
41 **intend to ～**＝ be going to ～　「～するつもりだ，～しようと思う」（例）I intend to go to the Abbey Road next month.（僕は来月アビー・ロードに行くつもりだ。）

● 曲及びアーティスト解説

　ア・カペラのブームが若者たちを日本中心に，日本全国で起きている。人間の声を最大限に生かした音楽が，ヒーリング音楽の需要と共に，一大ムーブメントになっている様相である。どうせ英語の勉強に活用するなら，聴いていて心が癒され，かつ聞き取りやすい曲はないか，それに対する究極的な答えのひとつがこの曲だ。「人間の声っていいな。こんな風に告白されたら，幸せだな。何度でも聴きたいな」と，英語の勉強だということを，忘れさせてくれる。この曲なら「暗記して，歌いたい！」という気持ちになれそうだ。

　Billy Joel というと，*Piano Man*（77年，同名シングルは全米25位）で Elton John の再来と捉えられ，*Honesty*（全米24位），*Just the Way You Are*（邦題：素顔のままで（全米3位））では心の琴線に響くラブ・ソングを歌った人。「もしもピアノが弾けたなら」という曲が昔あったが，ビリー・ジョエルのことを見た男性なら，誰もが1度はそう思うのではないか。この曲収録のアルバム *An Innocent Man* は，ビリーが前作まで試行錯誤していた，メッセージ色のあるものとは一線を画した「原点回帰のロックン・ロール」作品だった。大物としての地位を確立し，自分が何をやりたいのかが不透明な時期を過ごしていたビリー。ファンもやきもきしていたところに，この単純明快な如何にもアメリカ！という作品が届けられた時，「これが聴きたかったんだよ」と思った人は多かったと思う。このアルバム製作中に，ビリーは後に夫人となる女性と知り合い，アツアツの状態だったそうだ。やっぱりそういう動機が良い曲を書かせたのかなと，ファンには嬉しい一枚であった。

　その後，ビリーは，*We Are the World* に参加したり，87年夏にソ連ライブを行うなどの活躍を見せた。90年代以降はビリーらしさを大事にした堅実な活動を続けている。彼が全米1位を獲得したのは，*It's Still Rock and Roll to Me*（1980，邦題：ロックン・ロールが最高さ）と *Tell Her About It*（1983，邦題：あの娘

にアタック）の 2 曲，後者はアルバム *An Innocent Man* 収録曲。また英国では *Uptown Girl*（1983）が年末に 4 週連続 1 位となった。

　ビリーと同じように歌詞を大事にするシンガー・ソング・ライターの代表に Carole King がいる。キャロル・キングについては，余りにも多くの解説書が出ているし 99 年にアルバム *Tapestry*（邦題：つづれおり）のデジタル・リマスター盤が出ていて，その中にある萩原健太氏の解説が秀逸なので，是非参照していただきたい。英語の学習用教材として，キングの曲は全ての歌詞が真珠のように輝いており，初期のエルトン・ジョンの曲と同等に素晴らしいと思う。最近の生徒たちの多くは「つづれおり」という邦題だと説明すると，「天城越え」を連想するのがやっと。あれは「つづらおり」だと言おうものなら，「そんなの死語だ」との反応。そういう時代なのですね。　　　　　　　　　　　　　　　　[1983 年：全米最高 14 位]

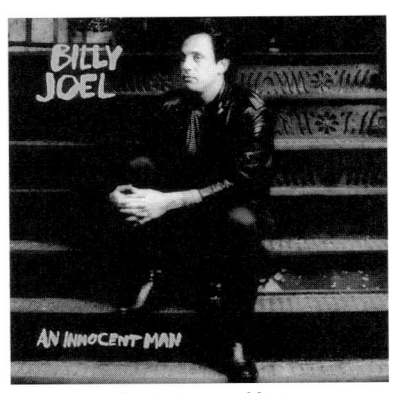

An Innocent Man

● *Let's use expressions!*

3-4 仮定法過去

If you **said** goodbye to me tonight, there **would** still **be** music left to write. What else **could** I **do?**

If your heart **were torn** in two, what **would** Richard **do?**

If Americans **were asked** the same question about their country, they **would** probably **give** a variety of answers.

12 have been (to) 〜：〜に行ったことがある（経験）

I **haven't been there** for the longest time.

She **hasn't been to** Yamagata before.

Haven't you **been here** before?

Has John **ever been to** New York?

How often **have** you **been to** the theater this month?

20 last：続く

Maybe this won't **last** very long.

Maybe this will **last** for two days.

How long will the storm **last**?

Why don't you listen to "I Won't **Last** a Day Without You"?

The pyramids have **lasted** for thousands of years.

37 care：気づかう，心配する

I don't **care** what consequence it brings.

She doesn't **care** much about what he says.

Yoko doesn't **care** if you smoke.

I don't quite **care** what she thinks about me.

I don't **care** about your opinion.

Time After Time

Cyndi Lauper

Lying in my bed I hear the clock tick, and think of you.
Caught up in circles confusion —, is nothing new.
Flashback — warm nights —, almost left behind.
Suitcases of memories,
Time after —.

Sometimes you picture me —, I'm walking too far ahead.
You're calling to me, I can't hear what you've said —.
Then you say — go slow —, I fall behind —
The second hand unwinds.

If you're lost you can look — and you will find me
Time after time.
If you fall I will catch you — I'll be waiting
Time after time.

After my picture fades and darkness has turned to gray.
Watching through windows—
you're wondering if I'm O.K.
Secrets stolen from deep inside.
The drum beats out of time —.

If you're lost....
You said go slow —.
I fall behind
The second hand unwinds —.

> **アウトライン**
>
> 「あなたが道に迷ったら，私を呼んで。時計の針が逆に回転し，時間が過去に戻るように，私はあなたの元に何度も何度でも戻って行くから。」何だか女性の方が強いシチュエーション。そういう恋愛もあって良いし，如何にも現代的だ。

ベッドに横になって，私は時計の音を聞き，あなたを想う。
混乱の輪の中にいることは…目新しいことじゃない。
回想…暖かな夜…それらのほとんどは置き去りにされている。
スーツケースいっぱいの想い出が
何度も何度も…。

時々私を思い出してくれても…，私は遥か前を歩いている。
私に呼びかけてくれても，なんて言ったのか聞きとれない。
あなたは言う…ゆっくり歩いてくれ…，私はペースを落とす。
秒針が逆方向に巻き戻る。

もしあなたが道に迷ったら前を見て…私がそこに居るから。
何度でも。
あなたが倒れたら，私が抱きとめる…待っているから。
何度も何度でも。

私の姿が消えた後，暗闇が灰色に変わってしまった。
窓からそれを眺めて…
あなたは私が大丈夫か心配している。
私の内部の奥深い所から盗み取られた秘密。
音の狂ったドラムの音がする…。

もしあなたが道に迷ったら…
ちょっと待ってくれよと言うでしょうね。
そしたら私は歩調をゆるめる。
時計の秒針が逆方向に回転する。

If you're lost ...
— Time after time.
Time after time.
Time after time.
Time after time.

Words & Music by Cyndi Lauper, Rob Hyman
© Copyright 1983 by Reilla Music & Dub Notes The rights for Japan jointly licensed to Sony Music Publishing (Japan) Inc. & Warner/Chappell Music, Japan K. K.

もしあなたが道に迷ったら…
何度も何度も。
何度も何度も。
何度も何度も。
何度も何度でも。

● 語句解説＆エピソード

1 **Lying in my bed I hear the clock tick, and think of you.** ＝ I am lying in my bed. I hear the clock tick. And I think of you.と解釈できる。分詞構文。(例)①〜をしている時に…をする。Walking along the city center, John found HMV. (町の中心街を歩いていて，ジョンはHMVを見つけた。) ②動作の連続。Taking out his acoustic guitar from the case, Paul started singing "Blackbird." (ケースからアコギを取り出して，ポールは「ブラックバード」を歌い始めた。) He watched Mole and Frog for a long time, enjoying the sight of his friends having a good time. (彼はモグラと蛙の姿を長い間眺めていた。二人が楽しそうにしている様子を彼もまた楽しみながら。) (Susan Varley. 1985. *Badger's Parting Gift♪*. Collins Picture Lions)

> ♪英国の児童文学作家スーザン・ヴァーレィの作品から。僕は英語絵本が大好きで，英国での研修中は，あちらこちらの本屋や雑貨屋で絵本コーナーに立ち寄った。ロンドンのハロッズ，チャリング・クロス前のウォーター・ストーンズ，夏目漱石が通ったというロンドン大学近くの本屋（現在はウォーター・ストーンズ），その他訪れた街で必ずレコード屋と本屋へ掘り出し物を探して入って行った。

2 **Caught up in circles confusion —, is nothing new.** ＝I am caught up in circles confusion, which is nothing new. (混乱が廻り廻っているけれど，それは目新しいことではない。)
(be) caught up 「巻き込まれる，心を奪われる」
circle 「円，輪」 (例)① Cut the pastry into circles. (そのペーストリーを丸く切って。) ② In 1987, I heard "Circle in The Sand♪" on the radio. (1987年に僕は「サークル・イン・ザ・サンド」をラジオで聴いた。)

♪ ベリンダ・カーライルのベスト盤 *The Best of Belinda Volume 1* (1992)が出てからもう 10 年になる。その中の *Circle in the Sand* は，僕が最初に勤めた学校に LL 教室が設置された時に，授業で最初に使った。このベスト・アルバムと彼女の 2 枚目のアルバム *Heaven on Earth* (1987) は，特にドライブ時によく聴いた。歌いやすいメロディーと何となく覚えやすい歌詞で，英語の学習として意図したわけではなかったが，結果的にかなり役に立った。

confusion♪ 「混乱，騒動」 類語に disorder, chaos, mess などがある。(例)We went to the wrong classroom, so there was confusion as to which room was the correct one. (僕らは違う教室に行ってしまった。それで何処の教室に行けばよいかわからなくなり混乱した。)

♪ Genesis（ジェネシス）の曲に *Land of Confusion* (1987, 邦題：混迷の地) がある。この世の中にある，あまりにも多くの問題を嘆いた内容だ。僕は彼らのライブ・アルバム *Genesis・Live/The Way We Walk* (1992) でこの曲を何度も聴いた。結局は明日への希望を歌っているのだが…。ドラマー兼ボーカルの Phil Collins（フィル・コリンズ）を中心にした，英国出身のプログレッシブ・ロック・グループ Genesis （ジェネシス）が 1987 年に発表した曲。全米 4 位，全英 14 位。フィルは映画『ビートルズがやってくる ヤア！ ヤア！ ヤア！』の一部に自分がエキストラとして映っていると発言しているが，現在の彼の風貌を考えると，発見するのはかなりの困難が伴いそうだ。

　フィルは 1998 年に彼のベスト・アルバムでシンディーの *True Colors* をカバーしている。彼はソロとして *Against All Odds* (1984, 邦題：見つめて欲しい), *One More Night* (1985), *Sussudio* (1985), *Separate Lives* (1985), *A Groovy Kind of Love* (1988, 邦題：恋はごきげん), *Another Day in Paradise* (1989) が全米 1 位，デュエット・パートナーとして Philip Bailey の *Easy Lover* (1985) に参加し，この曲も全米 1 位になり，ジェネシスとしても *Invisible Touch* (1986) が全米 1 位を獲得している。「アナザー・デイ…」は当時クローズアップされていたホームレスの問題を歌ったもので，MTV の効果もあって社会的反響も大きかった。1998 年のベスト・アルバム *…Hits* は，まさにそのタイトル通りの内容で，80 年代の洋楽ファンにとってはクロニクル的な一

枚になっている。

> **nothing new** 「何も新しいことはない」 形容詞が後置される。(例)Phil has nothing particular to do today.（フィルは今日は特にすることが何もない。）

3 **flashback** 「フラッシュバック，回想」
leave 〜 behind 「〜を置き去りにする，後に〜を残す」 leave を使った表現を幾つかまとめておく。(例)① Please don't leave the engine running here.（ここではエンジンをかけたままにしないで下さい。）② Please leave me alone.（私を一人にしておいて下さい。＝私に構わないで下さい。）③ We left it to John to decide when to start the concert.（いつコンサートを始めるかはジョンに任せた。）④ Leave the TV on. I want to watch the film.（テレビをつけたままにしておいて。映画を見るから。）

4 **suitcase** (例)① Back in 1963, the Beatles lived out of a suitcase.（1963年，ビートルズは旅の生活を送っていた。）② He was sitting in the railway station with his suitcase and guitar in hand.（彼はスーツケースとギターを抱えて駅で座っていた。）

6 **picture** 「〜を心に描く」 imagine よりもさらに具体的に思い描く意味合いがある。(例)① Can you picture Freddie in woman's disguise?（女装しているフレディーを想像できる？）② I pictured myself in a boat on a river.（僕は川で小船に乗る僕自身の姿を思い描いた。）
far ahead 「遥か前方に」 far は much よりも口語的な表現。(例)There are much/far nicer shops in the town center.（中心街にはもっと素敵な店があるよ。）

7 **call to 〜** 「大声で〜を呼ぶ」 (例)John called to a girl standing across the street.（ジョンは道の向こう側に立っていた女の子に呼びかけた。）

what 関係代名詞。（例）① I hope you're going to give me what I need.（僕の望むものを君がくれることを望んでいる。）② I do think you should know the consequences of what you've done. I do think you should know that my wife and I are getting a divorce soon.（私は君がしでかしたことの結末を知って欲しいと思うのだ。妻と私がもうすぐ離婚するということもな。）(Charles Webb. 1963, *The Graduate*. Penguin Books.)

8 **fall behind**　「進度が鈍る，遅れる」

9 **second hand**　「時計の秒針」　hour hand（時計の短針），minute hand（時計の分針）。

unwind　「もつれたものを解く」　ここでは「逆方向に回転する」と解釈してみたが，「ゆっくりと動く」という解釈もあり得る。

10 **lost**　「道に迷った，当惑した」（例）① The lost child asked a police officer for a help.（その迷子は警官に助けを求めた。）② I wish I would be lost in your eyes.（私はあなたの瞳の中でさまよってみたい。）

11 **time after time**＝time and time again　「しばしば，幾度も」time が使われている例を幾つか挙げる。（例）① Do you have any time to spare me?（ちょっと時間はありますか？）② Paul is just killing time in the studio.（ポールはスタジオで時間をつぶしているだけだよ。）③ George is always on time for meetings.（ジョージは会議にはいつも遅れないよ。）④ Learning a language isn't easy ― it takes time.（言語の学習は楽ではないよ…時間がかかるよ。）

12-13 **fall**　「転ぶ，落ちる」（例）George took a nasty fall at Marylebone Station yesterday.（ジョージは昨日マリルボーン駅でひどい転び方をした。）

14 **picture**　「姿，肖像，イメージ，理解」（例）The point is he doesn't have a true picture of what's happening. He thinks

I'm evil.（要するに君のお父さんには事態の概要が見えていないということだ。お父さんは僕が悪いと思い込んでいるのだ。）(*The Graduate*♪)

♪ サイモン＆ガーファンクルが，映画音楽を担当した *The Graduate*（邦題：卒業）の原作から。情事が明るみに出て，エレーンがベンジャミンのアパートを訪れた場面。彼女が父の手紙を持って来て，ベンジャミンを糾弾し，彼が反論しているところの台詞。
ビートルズの洗礼を受けて英語の勉強に役立てた人は多いだろうが，僕はＳ＆Ｇとカーペンターズがきっかけとなり，高校生になってからは「百万人の英語」で，いろいろなアーティストの曲を聴いて勉強した。ビートルズについては後から聴いたので，英語学習との関連は大学生になってから深くなった。ビートルズの素晴らしさを，メロディーだけでなく歌詞の面から知ることも，英語学習の一環として意義がある。
英語圏ではビートルが「カブト虫」だけでなく「ゴキブリ」の意味も持っている。その気味の悪いイメージを人々に想い起こさせる４人組が，時代と共に成長していったことを，歌詞の面から探ってみることは皆さんにお任せしたい。

fade「色あせる，徐々に消えていく」（例）This shirt has faded from washing.（このシャツは洗うと色が落ちた。）
darkness「暗黒，闇」（例）The room was in total darkness.♪（部屋は真っ暗だった。）

♪ -ness は名詞を作る接尾辞。kind—kindness, happy—happiness などがある。Simon & Garfunkel の代表作であり彼らのラストアルバムである *Bridge over Troubled Water*（1970，邦題：明日に架ける橋）は，僕が英語の学習に役立てようと，いろいろな利用の仕方をしてみた一枚だ。例えばこのアルバムから -ness の形を持つ語を引用してみる。全部で darkness, happiness, loneliness, emptiness の４語。数が少ないと感じるのだけれど，抽象名詞の効果を狙って意図的に使われている。こんな観点から楽曲の歌詞を味わうのも，時には良い。
「明日に架ける橋」は，Ｓ＆Ｇが事実上分裂状態にある中で発表さ

れた。
　当時シングルの売上は700万枚を越え，アルバムは1000万枚以上を売り上げた。この曲のレコーディング過程で，ポールとアートの二人が作業を共にすることは無かったそうだ。シングル盤のジャケットにはポールの姿しかないという現実があった。この曲は勿論全米1位となり，その次の全米1位曲は *Let It Be*/The Beatles であった。この曲も皆さんご存知の通り，グループは最早存在していなかった中でリリースされたのだった。S&Gが3か月後に *Cecilia* をリリースして最後の全米1位を獲得，ビートルズもまた半年後に *The Long and Winding Road* をリリースして最後の全米1位を獲得している。時代は新たな展開を見せ，カーペンターズ，キャロル・キング，ジョン・デンバー，マイケル・ジャクソンなどが，ヒットチャートの常連となっていく。

　turn to ～　「～に変わる」　(例)Ice turns to water when it gets warm. (暖かくなると氷は水になる。)
15　**watch**　「じっと見る」　(例)Watch your step here. (ここは足元に気を付けて。)
16　**wonder if ～**　「～かなと思う」　(例)I wonder if John is in the classroom. (ジョンは教室にいるのかな。) I wonder if you could tell me her telephone number. (彼女の電話番号を教えていただけますか。)
17　**secret**　「秘密，内緒事」　(例)Keep it a secret, please. (それは秘密にしておいて下さい。) "secret stolen"は過去分詞が名詞を修飾する用法。(例)① The picture painted by Kenta won the competition. (賢太が描いた絵がコンクールで優勝した。) ② I saw a lot of excited audience in the stadium. (僕はスタジアムで多くの興奮した聴衆を見た。) ③ In Anne Frank's house♪, I saw a lot of pictures pinned to the wall. (アンネ・フランクの家で，壁にたくさんの写真が貼ってあるのを見た。)

♪ 2000年7月に訪れたアムステルダム。僕は何としてもアンネ・フランクの家を訪れたかった。隠し扉をくぐり，思っていたよりもずっと狭くて急な階段を登る。屋根裏部屋の窓から見えた，すぐ

側にある教会の時計塔。そしてアンネの部屋に貼ってあった写真の数々。

館内で思い出した曲が，Art Garfunkel の *Mary Was an Only Child* (1973, 邦題：ひとりぼっちのメリー) だった。この曲が収録されているアルバムのタイトルが *Angel Clare* であることも一因だったと思う。(作者の一人はあの「カリフォルニアの青い空」の Albert Hammond。) S＆G ファンの一人として，ポールの才能は誰もが知っていることだろうから，アートの歌声の美しさを強調したい。このアルバムの何曲かを僕は中学生の時にラジオで聴き，まさに天使のような歌声に魅せられた。アルバムの B 面 2 曲目に何度も何度も針を落とし，この曲を丸暗記したことを思い出す。

こんなにも全曲が素晴らしいアルバムはそうそうあるものではない。当時は意識しなかったが，今改めて収録曲の作家達を見ると，ポール・ウィリアムズ，ジム・ウエッブ，ランディ・ニューマン，アルバート・ハモンドなどの名前がある。合計 40 分弱のこのアルバムは，僕にとって約 30 年に渡り，「癒し」の一枚であり続けている。

18 **beat**♪ 「太鼓・ドラムがどんどん鳴る」

> ♪ Black English と呼ばれる英語は，音楽の世界にも深く入り込み，jam = improvise, rap = street-talk, beat = exhausted の意味で使われている。(例)When might you feel dead beat? ― When you have been working or exercising very hard, for instance. (どんな時に dead beat の状態になるでしょうか？一例えば，すごく頑張って働いたり，活動したりした時。)
> 蛇足ながら Michael Jackson の *Beat It* (1982) は「逃げてしまえ」の意味。

out of time 「調子はずれの，歩調が合わない」
20 **You said go slow.** = You said to me, "Go slow."
21 **fall behind** 「〜に遅れる」 (例)John fell behind at school. (ジョンは学校の勉強についていけなかった。)

● *曲及びアーティスト解説*

　この曲は，中川五郎氏が訳詞をしている。洋楽の歌詞を手当たり次第に読んでいた教員になりたての頃，中川氏の訳詞のおかげで，何度も助けられた。「タイム・アフター…」はまさにその歌詞の通り，僕を何度も抱き止めてくれたのだった。中川氏の素晴らしい仕事が添付されている曲について訳詞を書くのは僕にとって最悪のことだけれど，あくまで「僕はこんな解釈でこの曲を聴いているのだ」ということなのだと，理解していただきたい。

　さてシンディー・ローパーだ。彼女のデビューアルバム *She's So Unusual*（1983）は，僕にとっては想い出に残るアルバムだ。教員になって初めての給料で買ったのが，『ランダムハウス大英和辞典』と数枚のレコードだった。まだ，僕の部屋の中にレコードが少なかった時期に，一番多くターン・テーブルに乗っていたのが，このシンディーのアルバムだった。レコード・プレーヤー上のLPをひっくり返すことも出来ないほど疲れた夜，リピート状態でプレーヤーはA面だけを繰り返していた。「タイム・アフター…」はそのA面3曲目。この曲の時に不思議と脳が覚醒していたように記憶している。

　分詞構文で始まっていること自体に，この曲がドラマチックに仕上げられていることが象徴されている。意外に思うかもしれないが，分詞構文で始まる歌詞なんてそうそうあるものではない。そして程よくちりばめられたキー・ワード。clock, tick, confusion, memories, picture, unwinds, darkness などの言葉が，リスナーにドラマの映像化を心地良くさせてくれる。

　80年代半ばの高校には，踵まで隠れる程の長いスカートを着た女の子達と，鶏の鶏冠のような髪型の男の子達。まるで漫画『ビーバップ・ハイスクール』のような学校。でも活力に溢れた生徒達だった。そんな彼らの興味を少しでも喚起しようと，「タイム・アフター…」を教室で流したこともあった。

　誰もが自分を勇気付けてくれるものを見つけたいと思う筈だ。彼女のアルバムは，しばらくの間僕にとってかけがえの無い一枚だっ

た。そして 9 年後の 1993 年,僕は再びシンディーに勇気付けられた。*Hat Full of Stars*(1993)のアルバム・ジャケットだ。そしてまるで「タイム・アフター…」の続編のような楽曲の内容にも,僕は魅せられてしまったのだ。「ジャケット買い」をしたその 1 枚は,その頃は往時の人気は無かったものの,それだからこそシンディーの心情を忌憚なく表現できた作品になっていたのだと思う。

　「星がいっぱいに詰まった私の帽子の中に…」とゆっくり静かに歌うシンディーの歌声は,本当にきらきら輝く星のように思えたのだった。

[1984 年:全米最高 1 位]

● *Let's use expressions!*

1 hear：知覚動詞

Lying in my bed I **hear** the clock tick, and think of you.
You're calling to me, I can't **hear** what you've said.
I **heard** John say so.
Can you **hear** someone knocking on the front door?

8 命令形

Then you say — **go slow** —, I fall behind —
My uncle used to say, "**Don't grow** up like me."
Even when you see John, **don't break** down and cry.
Take it easy.

10 will：未来形

If you're lost you can look and you **will** find me time after time.
If you fall I **will** catch you. **I'll** be waiting time after time.
Will you see your family soon?

14 現在完了形

After my picture fades and darkness **has turned** to gray.
Paul doesn't know what John **has been** drinking.
Everyone **has gone** away.
I **have heard** Art Garfunkel's songs many times since last week. "Traveling Boy♪" is my favorite one.

♪ *Traveling Boy*（1973，邦題：青春の旅路）はカーペンターズの *We've Only Just Begun*（1970，邦題：愛のプレリュード），*Rainy Days and Mondays*（1971，邦題：雨の日と月曜日は）そしてこの本で取り上げた *I Won't Last a Day Without You*（1972，邦題：愛は夢の中に）の作家コンビでもある，ポール・ウイリアムズとロジャー・ニコルズの作品。

Everytime You Go Away

Paul Young

Hey, if we can't solve any problems,
Then why do we lose so many tears.
Oh, so you go again,
When the leading man appears.
Always the same theme.
Can't you see we got everything
Going on and on and on.

Everytime you go away,
You take a piece of me with you.
Everytime you go away,
You take a piece of me with you.

Go on and go free.
Maybe you're too close to see
I can feel your body move.
Does it mean that much to me?
I can't go on singing the same theme.
'Cause can't you see, we got everything.
Baby even though you know.

I can't go on singing the same theme.
'Cause baby can't you see, we got everything
Going on and on and on.

Words & Music by Daryl Hall © 1980 by HOT CHA MUSIC CO. All rights reserved. Used by permission. Rights for Japan administered by WARNER/CHAPPELL MUSIC, JAPAN K.K. c/o NICHION, INC.

> **アウトライン**
>
> 「僕はこんなに君を愛しているのに，君はいい男が現れると，すぐについて行ってしまう。僕は何度も君に泣かされた。僕ら二人はもう他に何も要らないほどの愛を手にしているのに…。」

もし僕らが何も解決できないなら，
なぜ僕らはこんなにも多くの涙を流すのだろう。
ああ，それで君はまたついて行ってしまうのだね，
いい男が現れる度に。
いつでも同じことなのだ。
君には分からないのかい？　僕らについての全てのことが
着実に前へと進んでいるということが。

君がいなくなる度に，
君は僕の心のかけらを持って行く。
君がいなくなる度に，
君は僕の心のひとかけらを持っていく。

自由に行ってくれ。
ひょっとして君は近すぎて見えないのかも知れない，
僕には君が動くのが感じられるということを。
でもそれは僕にとってそんなに意味があるのだろうか？
僕は同じ内容の歌を歌い続けることは出来ない。
だって僕らはもう全てを手にしているんだから。
愛する人よ，君はもう分かっているとは思うけれど。
僕は同じ内容の歌を歌い続けることは出来ない。
だって，愛する人よ，君にもわかるだろう？　僕らの全てが
前へ前へと進んでいることが。

● *語句解説＆エピソード*

1 **if we can't solve any problems♪,** 「もし僕らが何も問題を解決できないなら,」 if ...（もし…ならば）条件節。

♪問題と言えば騒音。英国の家庭でホーム・ステイした時，2日目の朝にホスト・ファーザーに言われた言葉が，"Shui, please don't slam the door.（修栄，ドアをばたんと閉めないでくれよ。）"。前の晩にドアの開け閉めがうるさかったと言われて反省した。米国でホーム・ステイした時には，ばたんと音を立てて閉めても何も言われなかったのに…とも思ったが，他人の出す音は気になるものだと，言われた後ですぐに十分気を付けて開け閉めをすることにした。すぐに反省して家族との関係を壊さずに済んだのは，自分自身が年齢を重ねたことと，部屋の窓から見える，夏のイングリッシュ・ガーデンが美しかったことのおかげだった。心に余裕があったのだろうと思う。

毎朝BBCラジオを聴きながらのイングリッシュ・ブレックファースト，僕の傍らにはヨーグルトの残りをねだる真っ黒なラブラドール・レトリバー。月曜の朝には *Manic Monday*/Bangles (1985) が何度か聞こえて来た。

僕の名前は発音しにくいらしく，初日の自己紹介の時すぐに，「シュウイでいいだろう？」と言われた。米国英語と英国英語の違いを時々認識しつつ，少しずつ英国生活に馴染んで行く自分自身の姿。CDラジカセのそばにたまたま置いてあったアバのCDも，研修で疲れた僕の心を癒してくれた。ただ，ホスト・ファーザーの英語が分かりにくかったおかげで，随分苦労した。「俺のアクセント強いだろう？」と言われた時にはdialect（方言）じゃなくて，アクセントという捉え方なのかと，妙に感心した。

それと同時に，自分が教職に就いていて，教科書を使って授業を進め，生徒諸君と同じ受験用構文集を毎時間のように暗記してきたことが，現実の場面で生きていることを実感した。旅行代理店に行ってホテルの予約をした時には，たぶん20代半ばの女性クラークの，速い英語に全くついて行けず，泣きたくなったりしたけれど，学校で教え，学んできたことが役に立ったなと実感する場面だって沢山あった。また，学校に来ているALTが，どんなにゆっくり喋ってくれていたのかを実感したのも事実だ。

- **solve a problem**　「問題を解く」
2 **tears**　「涙」　いくつか例をあげてみる。(例)tears of joy (うれし涙), bitter tears (つらい涙), dry one's tears (涙をふく)
4 **leading**　「一流の, 主役の」
5 **theme**　「主題, 話題」
6-7 **Can't you see ...?**

否定疑問文。(例)① Doesn't Paul get an allowance every week? — Yes, he does. (ポールは毎週小遣いをもらっていないの？—いいや, もらっているよ。) ② Won't you wait for me, please? (待っていてもらえませんか？)

8 **everytime**　「～する時はいつも」　every time と表記するのが一般的, また whenever よりも口語的。(例)Every time I meet him I always forget his name.

take　「持って行く, 連れて行く」　(例)Take your digital camera with you. (デジタルカメラを持って行きなさい。)

12 **go on**　「進み続ける, 続く」　(例)① The concert went on until midnight. (そのコンサートは深夜まで続いた。) ② Let's go on to the next topic. (次のトピックに移ろう。) ③ In the fall of 2001♪, we heard "What's Going on" many times. (2001年秋, "What's Going on" を何度も聴いた。)

♪ 2001年9月の同時多発テロ事件。たくさんの曲が放送自粛となり, 同時にたくさんの曲が, 傷ついた人々を励ますために流された。*What's Going on*/Marvin Gaye (1971) もその中の1曲。元々は1971年マーヴィン・ゲイにより, 全米2位となった名曲。時代背景を理解しないとこの曲がなぜヒットしたか, どんなメッセージが包含されているのか分かりにくいだろう。映画『フォレスト・ガンプ』を参考にして, 当時のアメリカを理解するのも良いだろう。

30年後のリバイバル・ヒットということになったのだが, ヒットのきっかけが結局は「人間同士の争い」であることが共通している…。僕はこの曲があまりにも悲しい生い立ちであることが, 残念でならない。話題が暗くなりすぎるのでここでは言及しないが,

マーヴィン・ゲイの生涯について皆さんが調べてみれば，その理由がさらに分かっていただけると思う。

この悲しすぎる名曲は多くのミュージシャンによってカバーされている。その中で僕は，シンディ・ローパーの解釈が好きだ。アルバム *True Colors*（1986）に収録されている。ビリー・ジョエル，バングルス，エイドリアン・ブリューなどをゲストに迎えたこのアルバムは，タイトル曲以外にも実に味わいのある佳曲が並んでいる。

参考までにこの曲が収録されたマーヴィンのアルバムについての，ピーター・バラカン氏のコメントを紹介する。「そんな状況を考えると，このアルバムが出た時の驚きは想像できるだろう。まるで組曲のように構成された作品としてのまとまり，戦争，環境，都市問題，自滅に向かって突き進む人間社会に脅かされる子どもたちなど，30年近くたった今でも（残念ながら）コンテンポラリーなテーマへの取り組み，そして音楽自体の，当時としては驚異的な洗練。モータウンからこんなレコードが出るとは誰が思っただろう。」（ピーター・バラカン著『僕が愛するロック名盤240』1998，講談社）

　go free　「自由になる」　この go ～ は「～の状態になる」の意味。（例）① The banana went bad.（バナナが腐った。）② We've all gone crazy lately.（最近みんな頭がおかしくなった。）go wrong/dead/bankrupt などの表現もある。

13 **maybe**　「ひょっとしたら，たぶん」（例）Maybe it'll stop raining soon.（たぶんすぐに雨は止むだろう。）
　too ～ to ...　「あまりに～で…できない」（例）① This question is too difficult to answer.（この質問は難しすぎて答えられない。）② This is much too heavy for you to lift.（これは重すぎて君には運べないよ。）

14 **feel ～ ...**　「～が…するのを感じる」　知覚動詞。（例）① Celine suddenly felt someone touch her shoulder.（セリーヌは誰かに突然肩を触られた気がした。）② I felt myself blushing slightly.（私は顔が少し赤くなっているのを感じていた。）

15 **mean** 「重要性を持つ」 (例)① The honor means much to him.(彼にとって名声は非常に大事だ。)②次は名詞で使われている例。Which of the cities visited did Your Royal Highness enjoy the most? — Each in its own way was ... unforgettable ... It would be difficult to ... Rome! By all means, Rome.♪(妃殿下がご訪問なさった中で，どこが最もお気に召しましたか？―それぞれが…忘れ難く…お答えすることは難しいと…ローマです！もちろんローマです。)(映画 *Roman Holiday*. 1953.)

♪音楽とはあまり関係が無いけれど，とにかく好きな映画なので引用してみた。
Roman Holiday は「ローマの休日」と訳されており，それがすっかり定着している。でも意味をよく考えてみると，「ローマ的な休日」の意味の英語であって，「こういう出来事はローマじゃないと起こらないよ。このエピソードはいかにもローマ！という感じだよ。」 といったニュアンスがあるのだと思う。
同じような解釈が「ノルウエーの森」にも当てはまる。邦題自体の味わいもあるのだが，「君の手を握りたいんだよ！」が「抱きしめたい！」になったことなど，せっかく英語学習をするのだから，自分なりに吟味する機会があっても良い。

16 **I can't go on singing the same theme.** 「同じテーマの歌を歌い続けることは出来ない。」 同じことの繰り返しは嫌だ，ということ。
 go on 〜ing 「〜し続ける」 (例)She went on talking about her illness until we all went to sleep.(彼女は私達が皆眠るまで彼女の病気について話し続けた。)
18 **(even) though 〜** 「〜であるけれども，たとえ〜でも，もっとも〜だが」 even は強調語。(例)"Tiffany, I'm lost," I said, though I knew she was sleeping.(「ティファニー，僕は分からなくなったよ」と僕は言った。彼女が眠っていることは知っていたのだけれど。)

● **曲及びアーティスト解説**

　元々はダリル・ホールが1980年のアルバム *Voices* で発表した曲。ホール＆オーツはあの *We Are the World* のビデオにも映っているので，誰だっけ？と思う方は，見ていただきたい。金髪で二枚目のホールと，黒髪パーマで髭を生やしたオーツのコンビだ。ポール・ヤングは英国出身で，自作曲でのヒットはちょっと厳しいのかなという状況だった。本国では既に人気スターだったのだが，この曲で全米1位を獲得することとなった。いわゆるブリティッシュ・インヴェイジョンの潮流に乗り，Duran Duran, Wham!, Culture Club, Phil Collins, Tears For Fears などと共に，米国でも成功した中の一人となった。1985年は29曲が全米1位となったが，英国及び欧州勢はその中で11曲を占めていた。ただしワム！は殆ど分裂状態で，デュラン・デュランの人気にも陰りが見えてきた時期でもあった。

　ポール・ヤングはアルバム *The Secret of Association* (1985) がやはり良い出来だと思う。結局彼のベスト盤を聴いても，このアルバムからの選曲が大半だ。このポールの「エブリタイム…」は，さすがに1位になったのもうなずける出来栄えだ。今では，彼の歌声を聴く機会も，レコード屋さんで彼のCDを手にする機会もほとんどないだろう。完全に「過去の人」みたいな状況かも知れない。でもご安心を。ホール＆オーツのベスト盤には必ずこの曲が入っているので，そちらを聴いても良い。ポールもダリル・ホールも聞き取り易い発音をするヴォーカリストなので，英語学習用に向いている。歌詞カードなしで聴いていても「何だか結構聞き取れるなぁ」と，リスニングのスランプを抜け出すのに一役買ってくれると思う。実は僕も，なかなか聞き取りが出来ないな，と思った時にはホール＆オーツに随分お世話になった。2001年にTVのCMソングとして *Private Eyes* (1981)，*Kiss on My List* (1980)，*Man-eater* (1982) などが使われたおかげで，新たにベスト盤も出ている。

［1985年：全米最高1位］

● *Let's use expressions!*

1-2 if ... : もし…なら（条件節）

Hey, **if we can't solve any problems,** then why do we lose so many tears?

Carole will call you **if she has time.**

If there are any problems, will you call me?

If you roll a twelve you can get out of the jungle.
(Chris Van Allsburg. 1981. *Jumanji*. Houghton Mifflin Company Boston.)

> ♪音楽の話題ではないが,『ジュマンジ』は映画化されたので, ご存知の方が多いはずだ。僕はこの本が好きで, 特にその英文は, スリル感があり, 何度読んでも飽きない。僕は日本橋の丸善で, この本とその朗読テープを見つけて購入した。テープは映画で主演した Robin Williams（ロビン・ウイリアムズ）が朗読しており, これもまた良い出来栄えだ。上記の引用例文なんて, 和文英訳の問題で出たらなかなか言えそうで言えないものだし, 英語の教材としても申し分の無いものだ。

6 Can't ... ? : 否定疑問文

Can't you see we got everything going on and on and on**?**

Can't you play the guitar, Ringo**?**

Can't we be alone in the moonlight**?**

Can't we go to the bank tomorrow**?**

13 too ～ to ...

Maybe you're **too** close **to** see.

Mariah is **too** young **to** travel alone.

At Thomas Cook, the clerk's English was **too** fast for me **to** understand.

The windshield was **too** dirty **to** see through.

These Dreams

Heart

Spare a little candle,
Save some light for me.
Figures up ahead,
Moving in the trees.
White skin in linen, 5
Perfume on my wrist,
And the full moon that hangs over.
These dreams in the mist.

Darkness on the edge,
Shadows where I stand. 10
I search for the time,
On a watch with no hands.
I want to see you clearly.
Come closer than this.
But all I remember 15
Are the dreams in the mist.

These dreams go on when I close my eyes.
Every second of the night I live another life.
These dreams that sleep when it's cold outside.
Every moment I'm awake the further I'm away. 20

Is it cloak 'n' dagger
Could it be spring or fall.
I walk without a cut

> **アウトライン**
>
> 「はっきりとしない夢の中で，私は貴方をしっかりと見ようとした。でも覚えているのは霧の中の私だけ。目を閉じると同じ夢が始まり，続いて行く。そして目覚めると現実から離れていることに気が付く。」という，ちょっと雲をつかむような内容の曲。

小さなロウソクを一本とっておいて
私のために少し明かりをとっておいて。
前方に誰かの影がある，
木々の間を動いている。
リネンのシャツからのぞいている白い肌，
私の手首についた香水のにおい。
そして私たちの頭上には満月が。
霧の中で見るのはこんな夢。

周辺には闇が広がり，
私が立っている所は影になっている。
私は時間を確かめようと，
針のない時計を見る。
私ははっきりと貴方を見たいと思う。
もっと近くに来てくれない？
でも私が記憶しているのはただ
霧の中で見た夢だけ。

そういった夢は，私が目を閉じてもなお続く。
この夜の一秒一秒を私は生きている。
外が冷たくなった時これらの夢はやっと眠りにつく。
目を覚ます度，私は遠くへ遠くへと離れている。

それはスパイ？
春かも知れないし，秋かもしれない。
私は傷も負わずに歩いて

Through a stained glass wall.
Weaker in my eyesight,
The candle in my grip,
And words that have no form
Are falling from my lips.

There's something out there,
I can't resist.
I need to hide away from the pain.
There's something out there,
I can't resist.

The sweetest song is silence
That I've ever heard.
Funny how your feet
In dreams never touch the earth.
In a wood full of princes,
Freedom is a kiss.
But the prince hides his face,
From dreams in the mist.

Words & Music by Martin Page, Bernie Taupin © 1984 by LITTLE MOLE MUSIC/ZOMBA MUSIC PUBL. LTD. All rights reserved. Used by permissions. Rights for Japan jointly administered by WARNER/CHAPPELL MUSIC, JAPAN K.K., c/o NICHION, INC. & BMG MUSIC PUBLISHING JAPAN, INC.

ステンドグラスの壁を通り抜ける。
視界は悪くなる。
私は手にロウソクを握り締めていて,
言葉になっていない言葉が
私の唇からこぼれ落ちて行く。

あそこに何かがいる,
私は抵抗できない。
私はこの痛みから逃げてしまいたい。
あそこに何かがある。
私はもう耐えられない。

沈黙が最も優しい歌なのだ
私が今までに聴いた中では。
おかしいのは,貴方の足が
夢の中では地についていないこと。
王子様たちがいっぱいいる森の中,
そこでは自由にキスが出来る。
でも王子様は顔を隠している,
霧の中で見ている夢から。

● *語句解説 & エピソード*

1 **Spare a little candle♪**, 「小さなロウソクをとっておいて」
 spare 「〜を取っておく，与える」 (例)Could you spare me a few minutes, please?（少し時間をいただけませんか？）

> ♪僕がcandleで思い出す曲が *Candle in the Wind/Elton John*（1973）だ。あまりにも有名なこの曲は，現在では故ダイアナ妃の葬儀の時に歌われた曲としての認知度の方が高い。元々は1973年に発表されたアルバムに収録されていたのだが，1988年にライブ盤からのシングル・カットにより，全米6位を記録している。1997年には「さようなら英国の薔薇よ」との歌い出しに変更され，シングル・カットされた。元々Bernie Taupin（バニー・トーピン）の詞は，格調の高さが感じられ，それが同時に内容の難しさに結びついていた。そのために，英語の勉強の対象としては「難」の部類に入る。でも，これはくだけた表現，これは形式的な表現，という説明を読んでもなかなかピンと来ないことが多いので，彼の書いた詞をたくさん読んでみる，またはその楽曲を聴いてみるのも意味のあることだと認識している。

2 **save** 「とっておく，貯える」 (例)Save your voice for tonight's concert.（今夜のコンサートのために声を大事にしなさい。）

3-4 **figures** 「人影，体つき」 (例)John said that he saw a figure in the dark.（ジョンは暗闇に人影を見たと言った。）
 ahead 「前方に，行く手に」 反意語は behind。

5 **linen** 「リネン，亜麻布」

6 **perfume** 「かおり，匂い，芳香」 同義語に scent がある。
 wrist 「手首」 (例)I always wear my watch on my left wrist.（僕はいつも腕時計を左手にする。）

7 **a full moon** 「満月」 a new moon（新月），a half moon（半月）。
 hang over〜 「〜の上にかかる，空中に浮かぶ」

These Dreams 53

8 **These dreams in the mist** 「霧の中のこれらの夢＝はっきりしない夢」
mist 「霧，もや」 haze より濃いが，fog よりは薄い。
9 **Darkness (is) on the edge** 「端の方には暗闇がある」
darkness 「暗闇，暗黒」 反意語は light，形容詞形は dark。
(例)Do you know Ozzy Osbourne♪? This is one of his songs titled "Shot in the Dark."（オジー・オズボーンって知ってる？これが彼の曲で「暗闇にドッキリ」というタイトルなんだよ。）

♪オジー・オズボーンは僕のフェイバリット・アーティスト。
教職3年目で初めてクラス担任となり，悩み事を抱えて帰った時に，このメタル史上最高傑作邦題の一つ，「暗闇にドッキリ！」収録のアルバム *The Ultimate Sin*（1986，邦題：罪と罰）を，時折笑いながら聴いては，リラックスしたものだった。時は移り，英国で研修中の 2000 年夏，あるインタビュー TV にオジーがゲストとして登場し，盛んに笑いを振り撒いていたのを観た。日本で言えば吉田拓郎がキンキ・キッズ相手に漫談をしているような感じだった。メタルの帝王が何やってるのかな？とも思ったが，お互い順当に年齢を重ねているのだなと，思いっきり笑いながらその番組を観てしまった。
ランディ・ローズ，ジェイク・E・リー在籍中の曲を集めた *Best of Ozz*（1989）が，入門編として良い。歌詞自体はそれほどでもないが，息抜きには良い。ホワイトスネイクほど音がぎらぎらしていないので，メタルはあんまり…という人にもおすすめ。何かに行き詰まった時には「月に向かって英語を吠える」ことが出来るレパートリーがあるのも良いかも。

edge 「縁，へり，角」 (例)We're livin' on the edge.（僕らはぎりぎりの所で生きている。）
11 **search for** 「捜す」 (例)I made a search for my lost sock in the laundry room.= I searched for my....（僕は洗濯機のある部屋で無くした靴下を探した。）
12 **hand** 「時計の針」 (例)Then you say, "Go Slow." I fall

behind. The second hand unwinds.(そしてあなたは「ゆっくり進め」と言う。私は歩みを緩める。すると秒針が巻き戻る。)(*Time After Time*/Cyndi Lauper, 1983)

13 **clearly**　「はっきりと，明らかに」　(例)You can see Mt. Koshiki very clearly from Tateoka Senior High School.(楯岡高校からは甑岳がはっきり見える。)

14 **close**　「ごく近い」　(例)I saw Paul Simon close to.(僕はポール・サイモンをすぐ近くで見た。)

17 **go on**　「続く，～し続ける」　(例)She will go on working,♪ even after her car accident.(自動車事故の後でさえも，彼女は働きつづけるだろう。)

> ♪上記例文の「働く女性」の姿は，如何にも米国産辞書の例文なのだなと思う。働く女性が歌われた曲も勿論結構あり，手っ取り早く探すためには，女性バンドの曲を聴いてみれば良い。Wilson Phillips や Bangles のアルバムには佳曲が多いし，何だか前向きになれそうな雰囲気がある。
> バングルスにとって2枚目のアルバム *Different Light*(1985,邦題：シルバー・スクリーンの妖精)A面1曲目の *Manic Monday* は，プリンスが書き下ろした曲。S&Gの「冬の散歩道」をカバーするなど，どちらかと言えばB級女の子ギター・バンドという認識だろう。でも『シルバー…』は，聴いていて実に気分が明るくなるアルバムだ。「マニック…」で描かれるフツーのOLの日常生活。「月曜日は憂鬱でたまらない。会社に遅れないように走っていかなくちゃ！早い電車に乗って9時には着いていないと。服を選ぶのに時間がかかるっ！昨日彼が来てベッドの中で楽しんだのが悪かったかなぁ。」これがフツーだと言い切るのは問題があるかとは思うが，楽しくリスニングをするのには良い教材だ。

18 **second**　「秒」　(例)John will be back in a second.(ジョンはすぐに戻るよ。)

19 **These dreams that sleep when it's cold outside.**　「外が冷たい時にこれらの夢は眠りにつく(＝夢が終わる)。」
　that　関係代名詞。(例)The reindeer were excited. They

pranced and paced, ringing the silver sleigh bells that hung from their harnesses. (トナカイ達もワクワクしていた。馬具から下がっている銀のそりの鈴を鳴らしながら, 飛び跳ねたり, 行ったり来たりしていた。) (Chris Van Allsburg. 1985. *The Polar Express*. Houghton Mifflin Company.)

it's cold outside 「外が寒い」 it は天候・時間などを表す。英語の文は主語を必要とするので, 形を整えるための使い方。(例)It has been a hard day, hasn't it? (きつい1日だったよね。)

20 **awake** 「目が覚めて, 眠らずに」 (例)Paul and Linda were wide awake all night. (ポールとリンダは一晩中起きていた。)
   further 「さらに遠くに」 (例)Yoko couldn't walk any further. (ヨーコはもう歩けなかった。)
21 **cloak-and-dagger** 「陰謀の, スパイ活動の」
23 **cut** 「切り傷」 動詞の例を挙げる。(例)Did you have your hair cut?♪ (髪を切ったの？)

♪「髪を切ったの？」は, ALT と仕事をするようになって以来, 床屋さんに行った後に必ずと言って良い程耳にする言い回し。コミュニケーションって, こんな簡単な言葉からスタートさせるものなのだな, と感じている。80年代末に JET プログラムというものが始まり, 数多くの外国人講師と仕事をする機会に恵まれた。僕は彼らと洋楽の話をするために, 所謂ティーム・ティーチングをやってきたと言っても良い位だ。特にメタル系アーティストの情報が欲しくて,「私が好きなのは, ジャズよ！」と言われても, めげずに懲りずに色々と話を引き出そうと努力してきた。英語教育のため, と肩肘を張っていたら, こんなことは出来なかったかも知れない。ほとんど英語教育素人の彼らから, 文化面での情報をたくさんもらえたと, 感謝している。ミネソタ出身のある ALT は,「実家の近くにプリンスの家があるのよ。生徒にビデオ見せようかしら？」と言いつつ, LL 教室で「パープル・レイン」か何かを見せていた。生徒の反応は「？？？」で,「あれ, 誰？」だった。その ALT に教室で,「あなたにとって, アメリカン・ポップスの代

表曲は？」と尋ねたら,「ニルバーナよ」と言われ, さすがアメリカで 90 年代前半に十代後半を過ごした人だな, と実感したことも懐かしい。

25 **eyesight** 「視力, 視界, 視野」
26 **grip** 「しっかりつかむこと, 握力」 (例)The dentist gripped the tooth and pulled it out.（歯医者は歯をペンチでしっかり挟んで引き抜いた。）
27 **form** 「形, 姿」
28 **lip** 「唇, 口」 複数形で「発音器官としての口」の意味がある。(例)John's lips are sealed in America.（アメリカではジョンは口止めされている。）
29 **there's**＝there is　この構文の例を幾つか挙げる。 (例)① If there's anything I can do, just call on me.（もし何か僕に出来ることがあれば, 僕に頼んでいいよ。） ② There would be no love like her love.♪（彼女の愛に匹敵するものなどないだろう。）

> ♪こんなに素晴らしい愛が他にあるだろうか？という心情をアルバム全体で訴えてくるアーティストの一人に, Brian Adams（ブライアン・アダムズ）がいる。しかもかなりの男前。こんなイイ男がこんな甘い愛を歌うと, もう何も言えない。
> 英国でのブライアン人気は, やはり大したもので, BBC 製作の音楽番組で彼の曲を, 代表的ラブ・ソングとして取り上げていた。映画『ロビン・フッド』の主題歌 *I Do It for You*（1991）は英国では結婚披露宴で流す BGM の代表曲なのだそうだ。「君のためなら何でもするぞぉ〜！」というストレートさも良いのだ。よく利用したリーズ駅舎内の小さなレコード屋さんでも, ブライアンは「イチオシ」で, 結構目立つ所に置いてあった。僕はその店で, 彼の *MTV Unplugged*（1997）を約 6 ポンド（約 1,000 円）で買った。ギルドのアコギを抱えたそのジャケットが実にカッコ良いのだ。ちなみに CD ケースには "Be £5.99 Impulsive（今だけの衝撃価格 5.99 ポンド）" というシールが貼ってあった。

31 **hide away〜** 「〜から隠れる」
pain 「苦痛, 痛み」 (例)I have a pain in my stomach. = I have a stomachache.(お腹が痛い。), She's a pain in the neck.(彼女は, 頭痛の種だ。)
36-37 **(It's) Funny how your feet in dreams never touch the earth.** 「夢の中で貴方の足が地についていないということは何ておかしいのだろう。」
38 **wood** 「森, 林」 (例)Don't hallo till you are out of the woods.♪ (森を出るまでは安心して叫んではならない。)

♪ wood が使われている代表曲に *Norwegian Wood (This Bird Has Flown)*/The Beatles(1965) がある。「ノルウエーの森」という邦題のために, 森林という「場所」のイメージを抱きつつこの曲を聴いてしまっているが,「ノルウエー産の木材に火をつけた」という解釈だって成り立たないわけではない。森=woods, forest と, 英語教育の初期段階で習っているはず。木材=wood と教室では教えている。だったら上記の訳解釈だって, 成り立つはずだ。

full of 「〜でいっぱいの, 満ちた」 (例)Yoji's heart was full of joy.(洋二の胸は喜びでいっぱいだった。)
39 **Freedom is a kiss.** 「自由はキスのことだ。=自由にキスしていい。」)

● *曲及びアーティスト解説*

　ハートはカナダ出身で，アンとナンシーの美人姉妹をフロントに置いた，ハード・ロックのバンド。一時期はハード・ロック版ジェファーソン・エアプレインとの評価を得ていた。1976 年にデビューし，1980 年代前半の低迷期を経て 1985 年に再ブレイクした。

　この曲は 1985 年発表のアルバム *Heart* に収録されている。僕はその当時 LP レコードを手に入れた。A 面 3 曲目の *Never* と 4 曲目の *These Dreams* の流れが，とにかく素晴らしい。「ジーズ…」は 1986 年に全米 1 位を獲得した。作詞はエルトン・ジョンとのコンビで名高い，バニー・トーピン。素晴らしい詞を書く人なのはいいが，内容が分かりにくいので，僕は 30 代を迎えるまでは，食わず嫌い的立場で彼の詞と向き合っていた。当時は，どちらかと言うとこの 2 曲後に全米 1 位になった，Prince の *Kiss* の方が，気楽に歌詞を聴けて良いなと思っていた。

　ハートは 1987 年に *Alone* で再度全米 1 位を獲得する。この曲は *Like a Virgin*/Madonna (1984)，*True Colors*/Cyndi Lauper (1986) を作ったビリー・スタインバーグとトム・ケリーの手によるもの。基本的には，オーバー・ドライブを効かせたギターの音が魅力のバンドで，レッド・ツェッペリンの曲をカバーするなど，聴いていて気持ちのいい音を提供してくれる。

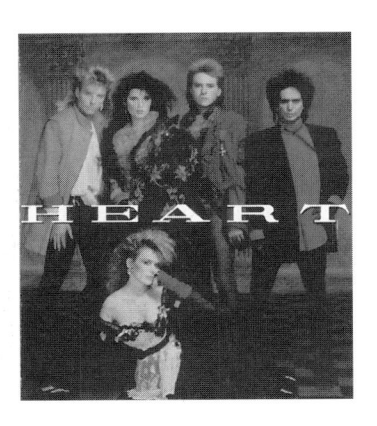

[1986 年：全米最高 1 位]

● *Let's use expressions!*

2 save：とっておく，助ける
Spare a little candle. **Save** some light for me.
Vanessa **saved** my life tonight.
Thousands of lives have been **saved** by this drug.
Never forget to **save** before you close the file.

7 that：関係代名詞
And the full moon **that** hangs over.
Tokyo is the city **that** never sleeps.
It is "Yesterday Once More" **that** really makes me cry.
The quiet Beatle♪ was possessed of the same dry, sarcastic, Liverpudlian wit **that** Lennon was known for.

(*TIME*, December 10, 2001)

♪ビートルズの一員、ジョージ・ハリソンのニックネーム。*TIME* 誌のジョージ・ハリソン特集＆追悼号よりの抜粋。びっしり記事で埋まっているこの雑誌で，ジョージ追悼特集記事4ページ目の終わりごろにやっと関係代名詞の that が出て来る。僕らは関係代名詞の that を，文法上の重要事項として学んだ。その脈絡からすると，that はもっと頻繁に登場してもいいと思うのだが，結果は上の通り。
ちなみにスーザン・ヴァーレィ作の絵本 *Badger's Party* の英文 16 ページの中では全く使われていない。ポップスには結構使われているのだけれど，どんな時に使う言葉なのだろう？ こんな素朴な疑問に答えてくれる参考書ってあるのだろうか？

31 need〜：〜する必要がある，〜が必要だ
I **need** to hide away from the pain.
If there's anything you **need**, feel free to ask me.
All that Paul **need** was Linda.
Need some help, John? — Thanks. Could you bring my guitar?

I Just Can't Stop Loving You

Michael Jackson

Each time the wind blows,
I hear your voice so
I call your name...
Whispers at morning,
Our love is dawning.   5
Heaven's glad you came...

You know how I feel.
This thing can't go wrong.
I'm so proud to say I love you.
Your love's got me high.   10
I long to get by.
This time is forever.
Love is the answer.

   I hear your voice now.
   You are my choice now.   15
   The love you bring.
   Heaven's in my heart.
   At your call,
   I hear harps,
   And angels sing.   20

You know how I feel.
This thing can't go wrong.
I can't live my life without you.

I Just Can't Stop Loving You

> **アウトライン**
> 「愛し合わずにはいられない…」そんな二人の恋する気持ちをデュエットで歌いあげる美しいバラード。

風が吹くその度に，
僕は君の声を聞くのだ，それで
僕は君の名前を呼ぶ…
朝に聞こえる囁き声，
僕らの愛が始まるのだ。
君が来てくれてとても嬉しい…

君は僕の気持ちが解っている。
この気持ちは間違いではない。
僕は胸を張って君を愛していると言うよ。
君の愛があって僕の気持ちが高まっているのだから。
僕はとにかく何とかしたかったのだ。
今この時は永遠に続くものだ。
愛がその答えなのだ。

　私には今貴方の声が聞こえる。
　貴方は今私がが選んだ人なのだ。
　貴方が運んで来てくれた愛。
　私の心の中に天国がある。
　貴方が呼ぶ声に，
　私には竪琴の音が聞こえるし，
　天使たちが歌う声も聞こえる。

　貴方は私の気持ちが分かっているよね。
　悪いように事が運ぶ筈がない。
　貴方がいなければ生きて行くことが出来ない。

I just can't hold on.
  I feel we belong.
My life ain't worth living,
If I can't be with you.
      I just can't stop loving you.
      I just can't stop loving you.
      And if I stop...
      Then tell me just what will I do.
      'Cause I just can't stop loving you.

At night when the stars shine,
I pray in you I'll find
A love so true...
  When morning awakes me,
  Will you come and take me?
  I'll wait for you.
You know how I feel.
I won't stop until
I hear your voice saying "I do."

  "I do."
  This thing can't go wrong.
This feeling's so strong.
      Well, my life ain't worth living
      If I can't be with you.
      I just can't stop loving you.
      I just can't stop loving you.
      And if I stop...
      Then tell me, just what will I do.

僕にはもう耐えられないのだ。
　私たち二人は似たもの同士だと感じているよ。
僕の人生は価値のないもの，
もし君が一緒にいてくれなければ。
　　二人は愛さずにはいられない。
　　二人は愛さずにはいられない。
　　もし二人が止まってしまったら，
　　何をしたらいいのかということを教えて。
　だって私は貴方を愛さずにいられない。

夜になって星が輝く時，
僕は祈りを捧げ，君の中に見つけるのだ
真実の愛を…
　朝に目覚める私がいる，
　貴方は私を連れて行ってくれるの？
　私は貴方を待つつもりよ。
君は僕がどんな気持ちなのかわかるよね。
僕はもう立ち止まらないのだ，
君の「愛してる」という声を聴くまでは。

　「愛してる」
　上手く行かないなんて事はないよ。
この気持ちはすごく強いのだ。
　　そう，私たち二人の人生は，価値がない，
　　もし二人が一緒でないのなら。
　　愛さないではいられないだけ。
　　愛さないではいられない。
　　そしてもし二人が愛するのを止めたら…
　　そうしたら言ってよ，ただ何をしたらいいのかを。

I just can't stop loving you.
 We can change all the world tomorrow.
We can sing songs of yesterday.
 I can say, hey ... farewell to sorrow.
This is my life and I
  Want to see you for always.
 I just can't stop loving you.
 No, baby.
Oh!

  I just can't stop loving you.
 If I can't stop!
  And if I stop...
 No.
Oh! Oh! Oh... Oh...
  What will I do! Uh... Ooh...
 Then tell me, just what will I do.
  I just can't stop loving you.
Hee! Hee! Hee! Know I do girl!
 I just can't stop loving you.
You know I do.
And if I stop...
  Then tell me, just what will I do.

（女性のパートを下げて，デュエット部を更に下げて示しました。）

Words & Music by Michael Jackson © 1987 by MIJAC MUSIC All rights reserved. Used by permissions. Printing rights for Japan assigned to YAMAHA MUSIC FOUNDATION

君を愛さないではいられない。
　私たち二人は明日世界を完全に変えることが出来る。
僕らは昨日の歌を歌うことが出来る。
　私はこう言う事が出来る，さあ…悲しみにさようならと。
これが僕の人生でそして僕は，
　　　二人はお互いのことをいつまでも見ていたい。
　　　二人は互いに愛さずにはいられない。
　いいえ，貴方。
ああ，君！

　　　二人は愛し合わずにはいられない。
　そうせずにはいられないの。
　　　もし二人が愛するのをやめてしまったら…
　だめよ。
ああ！…
　私はどうしたら良いの！　ああ…どうしたら。
　だったらどうしたら良いのかを教えて。
　　　二人は愛し合わずにはいられない。
ああ！でも僕にはわかっているよ！
　　　二人は愛し合わずにはいられない。
わかるだろう，僕は君を愛している。
もしそれをやめたら…
　　　お互いにどうしたら良いのか教えてよ。

● 語句解説＆エピソード

1 **wind**「風」類語には breeze, gale, gust, storm などがある。(例)"When the Wind Blows" is written by Raymond Briggs in 1982.(「風が吹く時」は 1982 年にレイモンド・ブリッグズにより書かれた。)

5 **dawn**「夜が明ける」ここでは比喩的に「愛が始まる」ことを表している。

6 **Heaven's glad you came...**= Heaven is glad (that) you came...

7 **You know how I feel.**「君は僕がどう感じているかを解っている。」
SVO の構文。(例)Paul, don't you know that our love lasts forever?(ポール，私たちの愛は永遠に続くということを解っているよね。)

8 **can't 〜**「〜のはずがない」(例)It can't be true.(それは本当であるはずがない。)
go wrong「間違える，上手く行かない，失敗する」

9 **I'm so proud to say I love you.**「君を愛していると言える事を誇りに思う。」不定詞の副詞的用法。(例)We are proud to have you come to see us.(お越しいただけて光栄です。)

10 **get〜…**「〜を…の状態にさせる」

11 **long to 〜**「〜することを熱望する」(例)Paul is longing to hear from Linda.(ポールはリンダからの手紙を待っている。)
get by「何とか通り抜ける，どうにか上手く行く」

15 **You are my choice now.**＝**You are the best.**「貴方が最高だ」という気持ち。
choice「選択，選ぶこと」同義語には selection がある。(例)She has no other choice.(彼女には他に方法が無かったのだ。)

18-20 **At your call, I hear harps and angels sing.**「貴方の電話で，ハープの音と天使の歌が聞こえる。」それほどに嬉しいと

I Just Can't Stop Loving You 67

いうこと。

25 **I feel we belong.** 「二人は同じような人間だね。」
belong 「調和する」 (例)We belong together.（私たちは共通点が沢山ある。）

26-27 **ain't**＝isn't

30-31 **And if I stop (loving you)..., then tell me just what will I do.** 「そしてもし二人が愛し合うことを止めたら…，そしたら二人がどうしたら良いのか教えて。」 デュエットのパートは敢えて「(私たち) 二人」と訳してみた。

33-35 **I pray in you I'll find a love so true...＝I pray (and then) I'll find a love so true in you...** 「夜星が輝く時，僕は祈る。そして君の中に真実の愛を見つけるだろう。」
pray 「祈る」 名詞形は prayer。(例)Gina decided to live on a prayer, didn't she?（ジーナは祈りながら生きると決めたんじゃなかったの？）

40-41 **I won't stop until I hear your voice saying "I do (love you)."** 「僕は君が『愛してる』と言うのを聞くまでは立ち止まったりしない。」

44 **This feeling's (= feeling is) so strong.** ここでの strong は「精神的に強い」こと。(例)She has stayed strong through much sadness in her life.（彼女は，人生で大変な悲しみを経験してもなお強い心を持っている。）

52 **We can change all the world tomorrow.** 「私たちは明日世界を全て変えることが出来る。＝全く新しい二人のための明日が待っているのだ。」

53 **We can sing songs of yesterday.** 昨日の歌とはつまり過去の思い出のこと。

54 **farewell** 「別れ」
sorrow 「悲しみ」 (例)I was full of sorrow when I learned George Harrison♪ had died.（僕はジョージ・ハリソンが亡くなったという事を知り，非常に悲しかった。）

♪ジョージの訃報を聞いて，何となく思い出したビートルズの曲が *Money* (1963)だった。ベリー・ゴーディ作で 1959 年のヒット曲。初期のビートルズは，かなりオタクな曲をカバーしていて，それがまた魅力でもある。彼らはゴフィン・キングを意識していたり，かなりのアメリカン・ポップの研究家だったことは，数多くの文献で解説されているところだ。

僕は彼らの 2 枚目のアルバム *With The Beatles* (1963)が好きだ。まずジャケットがすごく良い。勿論ビートルズのアルバムで嫌いなものがあるわけがないのだけど，このアルバムでの彼らの「英語の発音」が好きなのだ。*All My Loving* のビート・ポップは，その速さについていけるようになった時の満足感が忘れられない。アルバムの中で，今で言ったら例えば SPEED やモー娘のようなガール・グループが歌った曲をカバーしているのも，洒落ているなと思う。

Please Mister Postman のカッコ良さ！ 受験の英語でよく問題にされる postman の二重母音なんて，この曲を歌いまくった世代には，簡単すぎて話にもならない位だろう。

僕はこのアルバムのなかで *Roll over Beethoven* と *Devil in Her Heart* が特に気に入っている。再度言うけれど，勿論彼らの歌った曲で嫌いなものがあるわけがないのだ。でもこの 2 曲での，ジョージの発音が実に良い。この人みたいに発音したい！という生涯の目標があってもいいと思うし，前者では不得意な"r"と"v"の発音が何度も繰り返されるところがハードルを高くしてくれていて，それがまた良い。「デビル…」はドネイズというガール・グループの曲だ。僕は"heart"と"hurt"の発音の違いをこの曲で随分とらえようとした。いまだに上手くは出来ないが，同じフレーズの繰り返しが多い彼らの初期の楽曲は，英語の学習用として特に優れている。ジョージの訃報に際して，*Something* や *While My Guitar Gently Weeps* を流すラジオ番組は多かったが，僕は 20 歳の頃のあの若々しい声の「デビル…」をカー・ステレオで聞きながら，ジョージを偲んだ。

56 **for always**＝for ever 「永久に」 文語的表現を使って，クライマックスの部分を盛り上げている。

● *曲及びアーティスト解説*

　1987年9月に全米1位を獲得した，佳曲。アルバム *Bad* は，このアルバムがヒット・チャート上にある時に米国を訪れた僕にとっては，アメリカを感じる代表的なものだ。当時のマイケルは，アルバムと同様にまさにモンスター状態だった。

　僕はマイケルの曲は，歌詞がかなり良いと感じている。ダンスのイメージや，その他プライベート面での事が，面白半分にクローズ・アップされることが多くなってしまった気がするのだが，基本的な語彙・表現を使って，これだけのストーリー性をもった楽曲を作ることが出来る才能があるからこそ，これ程のビッグ・アーティストとして君臨しているのだと言える。この本で取り上げた楽曲の中でも，訳詞の作業中に「これってどういう意味なのだろう？」と，考え込むことが少なかった作品だ。

　僕が教室で使う洋楽の背景情報を意識し始めた1980年代後半は，同時に気に入っている曲が多い時期でもある。例えば *Nothing's Gonna Stop Us Now*/Staeship（邦題：愛はとまらない）は，87年に発表されたアルバム *No Protection* からの第1弾シングルだった。全米では2週連続，全英では Madonna の *La Isla Bonita* に代わって4週連続1位となった。この曲はとにかくメロディーが素晴らしい，と感じていた人が多かったはずだ。それも作曲者があの *It Never Rains in Southern California*（1972, 邦題：カリフォルニアの青い空（全米5位））」の Albert Hammond だと聞けば，うなずけるのではないか。

　「カリフォルニアの青い空」はその邦題の響きから，あまり内容を考えずに耳にしていた人も多いと思う。当時僕も，きっと爽やかな歌だろうと思ってシングル盤を買った。今改めてその内容を調べてみると意外な事実が見えてきた。アルバート・ハモンドはロンドン生まれで，ミュージシャンになるためにL.A.へ向かった。現地の新興レーベルの第1号歌手として契約し，2枚目のシングルがこの曲だった。内容は「南カリフォルニアには雨は降らないが，ちょっと待って，気をつけろって言われなかったか？いったん降ったら

土砂降りになるんだ」と，夢に破れた若者の悲哀を歌っていたのだった。これと同じようなことが，Gilbert O'Sullivan の全米1位曲 *Alone Again* (1972)にも当てはまる。両親を亡くした悲しい思いを歌ったこの曲は，そのメロディーの美しさ故に，違ったイメージで捉えられがちだ。

思えば *Thriller* (1982)を LP で購入してから，約20年が経った。1958年生まれのマイケルは，僕とほぼ同世代の人だ。音楽的にも社会的にも時代の象徴となるに至っていた。そしてマイケルと並んで，当時洋楽の象徴的存在だったのがマドンナだった。アルバム *True Blue* (1986)収録曲の *Papa Don't Preach* で描かれた十代の性と妊娠は，ビデオ・クリップのヒロインをマドンナ自身が演じていた。こんな内容の曲がヒット・チャートの上位に昇ること自体が驚きであった。米国文化の許容範囲の広さと，時代を計算し尽くしつつ楽曲を世に送り出すマドンナ。彼女自身と，彼女を支えるスタッフの勝利作だった。

音楽を通して社会の状況を垣間見ることも，聴く楽しみの一つだと考えている。あの *We Are the World* に参加していたミュージシャンたちは，当然社会的なアピール度が高い人達だったわけだ。2001年秋の同時多発テロ事件後の状況を見ても，全くその通りであることを再認識した。　　　　　　　　　　　　　［1987年：全米最高1位］

● *Let's use expressions!*

10 get の用法

Your love's **got** me high.

I long to **get** by.

Our car **gets** cleaned about once every two months.

22 can/can't の用法

This thing **can't** go wrong.

I **can't** live my life without you.

I just **can't** hold on.

Can you put them back in the right place?

27-28 if ... : 条件節

My life ain't worth living, **if** I can't be with you.

If the worst comes to the worst, we'll have to cancel the holiday.

What **if** we won, Dave. What would we do with all that money? — Stop dreaming! Just pick some numbers.

33-35 when ...

At night **when** the stars shine, I pray in you I'll find a love so true...

When morning awakes me, will you come and take me?

When it comes to restaurants, this town's not that good.

Angel

Aerosmith

I'm alone.
Yeah I don't know if I can face the night.
I'm in tears.
And the cryin' that I do is for you.
I want your love, let's break the wall between us. 5
Don't make it tough, I'll put away my pride.
Enough's enough, I've suffered and I've seen the light.

You're my angel.
Come and save me tonight.
You're my angel. 10
Come and make it all right.
You're my angel.
Come and save me tonight.

Don't know what I'm gonna do about this feeling inside.
Yes, it's true loneliness took me for a ride. 15
Without your love, I'm nothing but a beggar.
What can I do?
I'm sleepin' in this bed alone.

You're the reason I live.
You're the reason I die. 20
You're the reason I give when I break down and cry.
Don't need no reason why.
Baby, baby, baby.

Words & Music by Steven Tyler and Desmond Child © AERO DYNAMIC MUSIC PUBLISHING INC., EMI APRIL MUSIC INC., and DESMOBILE MUSIC CO., INC. Rights for Japan controlled by EMI Music Publishing Japan Ltd. c/o Fujipacific Music INC.

> **アウトライン**
>
> 「僕は孤独だ。君のいない夜なんて考えられない。僕はプライドを捨てても，君とわかり合いたい。やっと一筋の光明が見えてきたのだから。君は僕の天使だ。僕を救ってくれ。君の愛がなかったら僕はどうすればいい？ 君は僕の人生の全てなのだ。」

僕は孤独だ。
夜を迎えることが出来るかわからないほどに。
僕の目には涙が溢れる。
その涙は君のために流しているのだ。
僕には君の愛が必要だから二人の間の障壁を壊してしまおう。
難しく考えないで，僕もプライドを捨てるから。
もうたくさんだ。僕は苦しんできて，やっと明かりが見えたのだ。

君は僕の天使。
今夜僕のところへ来て救ってくれ。
君は僕の天使。
うまくいくようにしておくれ。
君は僕の天使。
今夜僕のところへ来て救ってくれ。

僕には分からない，この胸の中の感情をどうしたらいいのか。
そうだ，僕は本当に孤独に騙されたんだ。
君の愛がなければ，僕は物乞いでしかないのだ。
どうしたらいい？
僕はこのベッドで，たった一人で眠っている。

君は僕の生きがいだ。
君のためなら死ねる。
僕がだめになって泣き叫ぶ時は，君のせいだ。
他の理由なんて関係ないよ。
愛しい，愛しい，愛しい人よ。

● 語句解説 & エピソード

1. **alone** 「ただ一人の, 孤独な」 (例) Here I am, alone and blue. (僕はここにいる, たった一人で, ブルーな気分で。)
2. **if...** 「…かどうか」 whether よりも口語的。(例) Saori asked me if I liked Terra Nova.♪ (彩織は僕にテラ・ノヴァが好きかと尋ねた。)

   ♪ Terra Nova はオランダ出身の HM (ヘヴィー・メタル) バンド。オランダはメロディアス・ハードの産地として注目されている。

3. **in tears** 「涙を浮かべて」
4. **And the cryin' that I do is for you.** 「僕は君のために涙するのだ。」 関係代名詞 that で強調している。(例) A certain girl is on my mind. She's the best girl that I ever had. (ある女の子を好きになった, 心から離れない。今までで最高の女の子だ。)
6. **tough** 「難しい」 difficult の意味だが, より口語的。僕は英国研修中に, 英語教育の小論文レポートでこの言葉を使い, 担当教官に「レポートでこんな言葉使っちゃだめだよ」と笑われてしまった。

   put away ～ 「～という考えを捨てる」＝give up ～
7. **Enough's enough**＝Enough is enough 「もうたくさんだ, それでやめにしよう」

   suffer 「苦しみを経験する, 被害を受ける」
8. **angel** (例) Sleep my baby. The angels keep you from harm. (お休み, 私の赤ちゃん。天使たちがあなたを守ってくれる。)
9. **Come and save me tonight** 「今夜僕を助けに来てくれ」

   come and ～ 「～しに来る」 (例) Come and see me tomorrow morning. (明日の午前中遊びに来てよ。)
11. **make it** 「上手くやる, 成功する」＝succeed　it は漠然とした目的を表す。

14 **gonna**♪＝going to

> ♪ エアロスミスの楽曲からこの例を捜してみると，*Mama Kin* (1973) や *Same Old Song and Dance* (1974) で使われている。僕はすっかりエアロスミスにはまってしまっているが，彼らの曲を聴くと"be going to"とちゃんと歌っている曲の方が，何だか軟弱路線に聴こえてくるから不思議だ。

15 **Yes, it's true (that) loneliness took me for a ride.**「そうだ，本当に孤独が僕を駆り立てたのだ。」 エアロの歌詞には，ドラッグや性的描写を連想させる「裏」の意味を持つフレーズが幾つもあるので，"ride"にも何かありそうな感じがする。この場合は微妙だけれど，皆さんも俗語辞典などで調べてみて下さい。

　この"ride"は本書で取り扱うことはほとんど無い「性表現」，つまりは「危ない英語」のひとつ。とは言っても，普通の英和辞典にも記載されている。『ジーニアス英和辞典』では「(俗)〈女〉と性交する◆copulate の遠回し語」とある。つまりは「男性が女性の上に乗る」という意味で"mount"と同義語だ。"get a free ride"（ただでさせてもらう）という言い方もある。

16 **Without your love, I'm nothing but a beggar**＝If it were not for your love/But for your love, ... こう書き換えると，英文法の時間を思い出す方が多いはず。(君の愛がなければ，僕は物乞いでしかない。)

nothing but ～「～だけ，～にすぎない」＝only （例）Cyndi wants nothing but love out of George. （シンディーはジョージの愛だけが欲しい。）

17 **What can I do?**「僕に何が出来るだろうか？どうすることも出来ない。」 修辞疑問文。日本語の「どう」に影響されてwhat と how を混同してしまいがちなので，ちょっとまとめておきたい。(例)What (×How) do you think of Japanese pops?（日本のポップスをどう思う？） How (×What) do you

spell your name?（君の名前はどんな綴り？）

　修辞疑問文について補足したい。形式は疑問文だが，返答を待っているわけではなく，あくまで反語表現だ。(例)Who can solve the difficult environmental problem? ＝ No one can solve the difficult environmental problem.（誰がその難しい環境問題を解決できるだろうか？＝誰もその難しい環境問題を解決できない。）

19 **You're the reason (why) I live**♪　「君は僕の生きがいだ」　関係副詞の why が省略されている。(例)That's the reason I became a teacher.（それが私が教師になった理由です。）

♪ 4番目のスタンザは，この本に出て来る歌詞の中でも，最も「くさい」セリフなのかなと感じる。Steven Tyler が歌うからカッコ良く聞こえるのだ。Rod Stewart がセクシーに歌ってくれたら，これまた十分にカッコ良くかつキザにロックしてくれるだろう。
ロックと言うと，騒々しく野蛮なものと決めつけてしまいがちだが，僕は高校生の時に彼らの音楽にめぐり会った幸運に感謝している。結構危ないけれど，決める個所をちゃんと押さえているところが魅力なのだ。

20 **die**　反対語は live，pass away という遠回し表現がある。
21 **reason**　「理由」　形容詞形は reasonable（分別のある，理性的な），副詞形は reasonably（分別よく，賢明に）。(例)The second hand CD is reasonably priced.（その中古 CD は手ごろな値段だ。）

　break down　「人との関係が行き詰まる，だめになる」　名詞形は breakdown（衰弱，消耗）。(例)a nervous breakdwon（神経衰弱）
22 **Don't need no reason why.**　not ... no で否定を強調している。reason は前置詞の for をともなって使われることが多い。(例)There are many good reasons for thinking this.（こう考える理由が十分ある。）

● *曲及びアーティスト解説*

　Steven Tyler が歌っている様子を思い浮かべると，もうちょっと軟派な訳の方がいいかな，という気もする。「女たらし」である男を想像しながら聞いてみるのも面白いと思う。

　この曲が流行っていた 88 年の春，僕はアメリカの南部で短期間のホーム・ステイをした。ローカル局の FM ラジオ放送が，自分の部屋で唯一の娯楽兼息抜きだった。その局は 3 時間位のローテーションで，同じ曲を流していた。だから 1 日に何回かこの曲を聴いた。ドラッグ等によるバンドの空白期間を何とか抜け出した後のヒット曲，*Angel* は，そんな意味で僕の記憶に鮮烈に残っている。87 年に発表した 9 作目のアルバム *Permanent Vacation* に収録されていたこの曲は，*Dream on*（1973）以来の傑作バラードとして評価されている。

　僕は，高校生の時にエアロスミスに熱中していた。*Draw the Line* には，勉強に疲れた時に随分と癒してもらった。73 年のデビュー・アルバムは *Aerosmith*（邦題：野獣生誕），2 作目は *Get Your Wings*（邦題：飛べ！エアロスミス），そして 3 作目 *Toys in the Attic*（邦題：暗闇のヘヴィ・ロック）で，この邦題のネーミングがまた魅力的だった。ただ邦題のおかげで，彼らの曲自体を味わうよりも，「勢い」で聴いていたような気がする。エアロだけではない。当時日本で 3 大洋楽ロック・バンドといえば，僕にとって Aerosmith，Kiss，そして Queen だった。彼らの LP の邦題は，今になって思い出しても一筋縄では行かないものが多いのだ。特にキッスの場合は「地獄からの使者」，「地獄への接吻」（何だこれ？），「地獄の軍団」（ショッカーじゃないか？）などがあり，ロックもやっぱりビジネスなのだなと，感心させられる。

　さて一番好きなエアロの曲を選ぶとすると，このページを読んでいるエアロ・メイニアの方々は，何を選ぶだろうか？（巻末にメールアドレスがあるので，是非感想と共にお知らせ下さい。）僕は 73 年全米 6 位の「ドリーム・オン」を選ぶ。この曲は勿論オリジナル

が素晴らしいのだが，99年に発表された *Tribute to Aerosmith/Not the Same Old Song and Dance* というトリビュート・アルバムのバージョンが，カバーものとしては傑作だと思う。ヴォーカルが Ronnie James Dio（ロニー・ジェイムズ・ディオ），ギターが Yngwie Malmsteen（イングウェィ・マルムスティーン）という組み合わせだ。2001年秋にはトリビュート盤の第2作が発表され，「エンジェル」も収録されている。

　十代二十代の方々には，エアロスミスと言えば映画『アルマゲドン』を思い起こす方々が圧倒的に多いはずだ。映画の主題歌 *I Don't Want to Miss a Thing*（1998）は，彼らのキャリア28年目にして初の全米1位曲となった。こんな形で1位になるなんて，僕は突拍子もない感じがした。自分の娘が出演した映画の主題歌を歌うなんて，スティーヴン・タイラーも親馬鹿やっているな，と思った人はたくさんいたはず。映画がらみで言うと，98年は *My Heart Will Go on*/Celine Dion も *Titanic* の主題歌としての効果も相まって全米1位を獲得している。この年の1位は15曲中9曲がR&B系，2曲がセリーヌ・ディオンとなっていた。

[1988年：全米最高3位]

● *Let's use expressions!*

2 if... : …かどうか
Yeah I don't know **if** I can face the night.
if I can find her at the station.
if I am that strong.
if she is Paul's twin brother.

3 be in 〜 : 〜の状態にある
I'm in tears.
in good health.
in a rage.
not **in** love.

16 nothing but 〜 ＝ only
Without your love, I'm **nothing but** a beggar.
John wanted **nothing but** love out of Yoko.
There is **nothing but** the sound of insects.
I ain't **nothing but** tired.

19 reason (why)...
You're the **reason** I live.
I am looking for a **reason** to check out of my mind.
What is the **reason** that Paul left The Beatles?
There is no **reason** for Clapton to cry.♪

> ♪ *No Reason to Cry* は 1976 年に発表された、クラプトンのアルバム・タイトル。Bob Dylan 作の *Sign Language* など、僕はこのアルバムが気に入っているのだけれど、あまり評判の良いアルバムではないらしい。彼のベスト盤 *Eric Clapton・Timepieces* にはこのアルバムからの曲が1曲も収録されていないことからも、それはうかがえる。高校生の時、少ない小遣いを貯めて発売と同時に買ったアルバムなので、思い入れが強すぎるのかな？

I'll Be There for You

Bon Jovi

I guess this time you're really leaving.
I heard your suitcase say good-bye.
And as my broken heart lies bleeding,
You say true love is suicide.

You say you've cried a thousand rivers.
And now you're swimming for the shore.
You left me drowning in my tears.
And you won't save me anymore.
Now I'm praying to God you'll
Give me one more chance, girl.

I'll be there for you.
These five words I swear to you.
When you breathe I want to
Be the air for you.
I'll be there for you.
I'd live and I'd die for you.
Steal the sun from the sky for you.
Words can't say what a love can do.
I'll be there for you.

I know you know we've
Had some good times.
Now they have their own hiding place.
I can promise you tomorrow.
But I can't buy back yesterday.

I'll Be There for You 81

> **アウトライン**
> 　自分の元を離れようとしている彼女に対して、つらい思いをしたのは僕も同じだと言いつつ、もう一度チャンスをくれないかと訴える。彼女のためならなんでもするという決意を、巧みな比喩表現で表している内容だ。

君は，今度は本当に行ってしまうんだね。
君のスーツケースが僕にそう告げていた。
僕の傷ついた心は血を流している。
君は言う，命をかけるのが本当の愛じゃない？

君は何千もの川を作れるくらい泣いたのだと言う。
そして今君は海岸に向かって泳いでいる。
僕だけが取り残されて自分の涙で溺れそうだ。
しかも君はもう僕を助けてはくれない。
今僕は神様に祈っている
君が僕にもう一度チャンスをくれるようにと。

僕は君の側にいる。
この言葉を君にはっきりと誓う。
君が息をする時
僕は君の吸う空気になりたいと願う。
僕は君の側にいる。
君のために生き，君のために死のう。
君のためなら空から太陽を盗んでもいい。
愛の力が出来ることを，言葉で表すことは出来ない。
僕は君の側にいる。

僕にはわかる，僕と君が素晴らしい時を過ごしてきたことを，
君もわかっていると。
今，その素晴らしい時はどこかに隠れてしまった。
僕は明日のことなら君に約束できる。
でも昨日を取り戻すことはできない。

And baby you know my hands are dirty. 25
But I wanted to be your valentine.
I'll be the water when you get thirsty.
When you get drunk, I'll be the wine.

And I wasn't there when
You were happy. 30
I wasn't there when you were down.
I didn't mean to miss your birthday, baby.
I wish I'd seen you blow those candles out.

Words & Music by J. Bon Jovi & R. Sambora © Copyright 1988 by UNVERSAL-POLYGRAM INT'L PUBLISHING, INC./BON JOVI PUBLISHING/AGGRESSIVE MUSIC All Rights Reserved. International Copyright Secured. Print rights for Japan controlled by K.K. MUSIC SALES

そして君は僕の手が汚れていることを知っている。
でも僕は君のバレンタインの恋人になれればと思った。
のどが渇いたら僕が水になろう。
君が酔う時は，僕がワインになろう。

僕はその場にいなかった，
君が幸せだった時も。
君が落ち込んでいた時も。
君の誕生日を忘れていたわけじゃなかったのだ。
僕は君が蠟燭の火を吹き消す姿を見れていたらと願う。

CROSSROAD―The Best of Bon Jovi

● *語句解説＆エピソード*

1 **guess** 「推測する，たぶん〜だろうと思う」 米口語ではI guess＝I suppose で，自分の考えを控え目に述べる時に使う。(例)And so what? My dad likes you, but now I guess you think I will too?(それでそれがどうしたって言うの？ パパはあなたが気に入っている，でも私もそうなるってあなたは思っているんでしょう？)

2 **I heard your suitcase say good-bye.** 「君のスーツ・ケースもさよならを告げているのが聞こえる。」 比喩表現。ポップス，ロックの歌詞にはたくさんの比喩表現が使われるのは言うまでもない。いろいろあって，本当に面白い。(例)① *Eight Days a Week*/The Beatles (1964) ② If my life gets like a jigsaw with the pieces out of place, will you help me?(私の人生がジグソー・パズルのようにばらばらになったら，私を助けてくれる？)

3-4 **And as my broken heart lies bleeding, you say true love is suicide.** as＝though と解釈すれば，「僕の傷ついた心が血を流しているのに，君は真の愛は命をかけるものだと言う。」となり，人を好きになることは，いろいろな苦難を伴って，自分で自分を傷つけることにもなる，人を好きになるのも楽じゃない，ということになる。

5 **You say you've cried a thousand rivers** これも比喩で，「泣きに泣いて，その涙が集まって川になった」と解釈できる。

6 **shore** 「海岸」 beach は「砂浜」を表す。(例)Paul has watched Linda on the shore, standing by his car.(ポールは 車の側に立って，海岸にいるリンダを見た。)

7 **tear** 「涙」 (例)① She is in tears.＝She is weeping.(彼女は泣いている。) ② I was moved by Eric Clapton's "Tears in Heaven" in 1992.(1992年，僕はエリック・クラプトンが歌う「ティアーズ・イン・ヘブン」に感動した。)

8 **save**　「救う」　(例)There would be nowhere to run. No one could save John.♪（どこにも逃げられない。誰も ジョンを助けられないだろう。）

　♪ジョンと言えば，レノンだけでなく，僕はジョン・ボン・ジョヴィも好きだ。ボン・ジョヴィはアルバム *Slippery When Wet*（邦題：ワイルド・イン・ザ・ストリーツ）でブレイクした。2001 年発売のアルバム *Bon Jovi One Wild Night Live 1985-2001* には，横浜と東京でのライヴ音源が 3 曲収められている。僕は 1988 年秋，武道館でのコンサートでの，アコギで *Twist and Shout* を歌ったジョンのカッコ良さが忘れられない。メタルに対する偏見を少しは払拭してくれたバンドとしてだけでなく，歌いやすく，歌詞は比較的聞き取りやすいものが多いので，英語学習用にも良い。

9 **pray**　「祈る，懇願する」　(例)I pray to God for forgiveness.（私は神に許しを願う。）
10 **chance**　「機会，好機」＝opportunity　(例)Give me another chance.（もう一度チャンスを下さい。）
11 **I'll be there♪ for you**　「僕はそこにいる，君の側にいる」(例)Just call my name, and I'll be there.（私の名前を呼んで。そうすれば私はあなたの側にいるわ。）

　♪"I'll be there."という表現は，この本を書くにあたって，たくさんの楽曲を意識的に聴いたところ，実によく使われていることに気がついた。例えば，Jackson Five がこの曲で全米 1 位を獲得したのは 1970 年のこと。連続 4 曲目の全米 1 位は，彼らにとって初めてのバラード・シングルだった。これ以前の 1 位曲は *The Love You Save*（1970，邦題：小さな経験），*ABC*（1970），*I Want You Back*（1970，邦題：帰ってほしいの）。「帰ってほしいの」は元々 *I Wanna Be Free* というタイトルで作られ，Diana Ross が歌う計画があった。

12 **These five words I swear to you.**　これら 5 つの単語とは前行の"I'll be there for you."のこと。他に"three words"を"I

love you."の意味でよく使うことがある。

13-14 **breathe**　「呼吸する」　(例)Breathe in deeply.（深く息を吸ってください。）名詞形は breath。(例)Take a deep breath.（深呼吸してください。）

16 **I'd＝I would**

18 **Words can't say what a love can do.**　「愛の力が出来ることを，言葉で言い表すことは出来ない。」 love という言葉は，歌詞の中で数え切れないほど使われている。その中で「こんな愛がいいな」と思うものを，皆さんも探してみてはいかが？僕はやっぱりジョン・レノンが描く「愛」がいいな。

20-21 **I know you know we've had some good times**　現在完了形。今でもあの素晴らしい時間の余韻が続いていることをくみ取って鑑賞したいところだ。

22 **Now they (＝some good times) have their own hiding place**　あの素晴らしい時が今どこに行ってしまったのだろう，という主人公の気持ちを表している。
hide　「隠れる，隠す」(例)① Janet hid herself under the table.（ジャネットはテーブルの下に身を隠した。）② George didn't hide his disappointment.（ジョージは落胆の表情を隠さなかった。）

23 **promise**　「約束する，約束」 動詞，名詞共に同じ形。(例)They made a vow that they would always be friends. How could they know that promises end?（彼らはずっと友達だと誓ったのだ。その約束が失効するなんて思いもしなかった。）

25 **dirty**　「汚れた，つまらない」 2行あとの thirsty と韻を踏んでいる。ここでの「手を汚す」は，恋人のために何でもするという気持ちを表している。

26 **valentine**　「バレンタインの恋人」

27-28 **I'll be the water when you get thirsty. When you get drunk, I'll be the wine**　要するに君のためなら何でもするつもりだ，と言いたいのだ。ほとんど *Bridge over Troubled*

Water/Simon & Garfunkel（1970, 邦題：明日に架ける橋）のコンセプトと同じ。パクリではなく，愛する人に対する同じような気持ちを，どう詩的に表現するかの，腕の見せ所というところだ。

29-30 **And I wasn't there when you were happy.**「そして君が幸せだった時僕は側にいなかった。」
happy 名詞形は happiness。(例)Her marriage brought happiness to her parents.（彼女が結婚して両親は幸せだった。）

31 **down**「意気消沈して」(例)She's feeling very down.（彼女はすごく憂鬱になっている。）

32 **miss ～**「～しそこなう，見落とす」(例)Sorry I missed her at the airport.（ごめん，空港で彼女に会えなかった。）I'd still miss you baby.（それでも僕は君がいないと淋しい。）

33 **I wish I'd (＝I had) seen you blow those candles out.**「あの頃君がロウソクを消すところを見ていれば，と今思っているのだ。」
blow「火を吹き消す」(例)She is blowing out candles.（彼女はロウソクの火を吹き消している。）

● 曲及びアーティスト解説

　タイトルの *I'll Be There for You* は「君の側にいる」または「いつでも力になるよ」と解釈でき，この2つではニュアンスが異なってくる。皆さん自身の解釈にお任せしたい。

　僕がボン・ジョヴィのコンサートに行ったのは，1988年の秋だった。武道館で行われたコンサートは，当然のごとく満席で，音響のせいかMCが良く聞こえなかった。この年の初め，僕は短期間だがアメリカでホーム・ステイをし，町のショッピング・モールで *Slippery When Wet* のLPや，Tiffanyのデビュー盤などを購入した。映画館では『ラスト・エンペラー』が大人気だった頃だ。彼らはデビュー盤収録の *Tokyo Road* から分かるように，日本でまずブレイクし，全米制覇の下地を作った，という流れだったと記憶している。曲の良さと，ボン・ジョヴィの歌の上手さが，「まさかメタルが1位を獲得するなんて」という状況にまで，音楽シーンを盛り上げて行ったのだった。ハード・ロックとメタルの相違に関しては，この本では英語の勉強に役立てるための選曲と解説が主な狙いであるので，興味がおありの方のみ『Burrn!』などの雑誌を参考にして，いろいろ自分の耳で聴いて判断していただきたい。

　80年代，メタル系の全米1位獲得曲には *Jump*/Van Halen (1984), *You Give Love a Bad Name*/Bon Jovi (1986), *Livin' on a Prayer*/Bon Jovi (1986), *Here I Go Again*/Whitesnake(1987), *Sweet Child O'Mine*/Guns 'N Roses(1988) があった。ハード・ロックやメタル系は「おどろおどろしく，大音響で，派手な格好をして，チェーンじゃらじゃらで」という印象が強いかもしれない。でも好みの問題はあるけれど，英語の学習に役立てようとする時，他のジャンルと比べても遜色のないものだと思う。そうは言っても普通のポップスでは見られないような歌詞があるのも事実だけれど…。例えばDokkenの *Kiss of Death* (1987) やPanteraの *Suicide Note Pt.II* (1996) などを聴いてみてはいかが？こういう歌詞の世界があるということを知っているのも意味がある，と僕は考えて聴いている。　[1989年：全米最高1位]

● *Let's use expressions!*

2 hear 〜：〜が聞こえる

I **heard** your suitcase say good-bye.
　　　　 a newborn baby cry.
　　　　 screaming and bullwhips cracking.

Can you **hear** me calling you?

7 leave：〜のままにしておく，残す

You **left** me drowning in my tears.
　　　　 standing at the door.

Leave those kids alone!

Leave us girls alone.♪

♪上記最後の例文は，『ロックの心2』からの引用。『ロックの心1』が出たのは，1982年で，僕は大学生だった。当時貸しレコード屋さんに足しげく通い，LPレコードを借りては，『ロックの心』を参考にして，洋楽に親しみを深めていった。

8 will/won't：意志未来

And you **won't** save me anymore.

I **won't** see the love you don't feel when you're holding me.

Nobody's perfect. I was dishonest. I **will** do my best.

18 what：関係代名詞

Words can't say **what** a love can do.

I don't care **what** she may say.

This is **what** we're gonna do.

But **what** I really want to know is whether you really love me or not.

Love of a Lifetime
Firehouse

I guess the time was right for us to say
We'd take our time and live our lives together.
Day by day,
We'll make a wish and send it on a prayer.
We know our dreams can all come true with 5
Love that we can share.

With you I never wonder
Will you be there for me.
With you I never wonder
You're the right one for me. 10

I finally found the love of a lifetime.
A love to last my whole life through.
I finally found the love of a lifetime.
Forever in my heart, I finally found the love of a lifetime.

When every kiss our love is like brand-new 15
And every star up in the sky was made for me and you.
Still we both know that the road is long.
But we know that we will be together,
Because our love is strong.

Words & Music by Bill Leverty, Carl J. Snare
© Copyright by Wocka-Wocka Music The rights for Japan licensed to
Sony Music Publishing (Japan) Inc.

> **アウトライン**
>
> 「お互いに向き合って，毎日を一緒に暮らして行こう。二人の愛を分かち合って，夢を叶えよう。そばにいてほしい。僕には君しかいない。生涯愛せる人についに巡り会ったのだ。これからの道のりは長いけれど，二人でなら歩いていける。」

僕らが言うには良い時期だと思う，
お互いに向き合って共に生きていこうと。
毎日毎日，
僕らは願い事をし，それを祈りの言葉にして送る。
僕らは夢が全て叶うのだということを知っている，
僕らがこの愛を分かち合えば。

君と居れば決して疑いを持たない，
君が僕の側に居てくれるだろうかなんて。
君と居れば決して疑いを持たない，
君が僕にとって最高の女性だということに。

僕はついに生涯続く愛を見つけた。
一生の間持ちつづけることの出来る愛を。
僕はついに生涯続く愛を見つけたのだ。
僕の心の中で永遠に続く愛を，ついに見つけたのだ。

キスする度に僕らの愛は真新しいもののように感じられる。
そして空に輝く星の一つ一つは僕と君のために生まれたのだ。
道のりはまだ長いと二人とも分かっている。
だけど，僕らはずっと一緒にいる。
だって，僕らの愛の絆は深いから。

● *語句解説 & エピソード*

1-2 **I guess the time was right for us to say (that) we'd (= we would) take our time and live our lives together.** 「僕らがじっくりと時間をかけながら一緒に暮らしていくことを口にする良い時期に来ているのではないかなと思う。」 過去形の was, would は主人公が控えめに彼女に提案していることを示唆している。ただし CD の訳詞には「ちょうど良い時期だったと思う。」 と純粋に過去形として対訳がある。リスナー自身の解釈にお任せしたい。

take one's time 「ゆっくりやる,自分なりのペースでやる」
3 **day by day** 「日ごとに,一日一日と」
4 **make a wish** 「願いをかける」
prayer 「祈願,祈りのことば」 (例)Have you ever heard "I Say a Little Prayer"♪? (「アイ・セイ・ア・リトル・プレア」って曲聴いたことある?)

♪ Aretha Franklin の曲には,主人公の心情がさりげなく,素敵に描かれている歌詞が多い。*I'm in Love* (1974) では "My friends all wonder what's come over me. I'm as happy as any girl could be. I'm in love, believe me I am."(友達はみんな私がどうしちゃったのかって思っている。私は誰にも負けないくらい幸せな女の子。恋をしているの,信じてよ。),こんな基本的な恋のフレーズって,率直にイイナと思う。僕はアレサのアルバム *Love Songs* (1997) というコンピレーション・アルバムをよく聴くのだが,「恋する女性」の心情が何だか前よりわかるようになったように感じる。そんな気持ちにさせてくれる歌集だ。20 年早く聴いておけば良かったなあ。
I Say a Little Prayer (1968,邦題:小さな願い) は,初めて聴いた瞬間から僕のフェイバリット・ソングになった。邦題も良い。作者は Hal David (ハル・ディヴィッド) と Burt Bacharach (バート・バカラック) で,Dionne Warwick (ディオンヌ・ワーウィック) が歌い,1967 年に全米 4 位になっている。

5-6 **We know our dreams can all come true with love that we can share.** 「僕らが愛を分かち合えば，僕らは君の夢が全て叶う可能性があるとわかっている。」 二人で愛を分かち合い，いろいろな夢をかなえていこう，と強い決意を表現している。３番の歌詞は「僕＝愛」なのだよ，とドラマ性を高めているのだが，その前フリとして，控えめな表現から強い言葉の羅列に持って行っていることにも，この曲の良さが感じられる。

dream 映画 *Back to the Future* に dreamboat（理想の恋人）という表現が出てくる。主人公（Michael J. Fox）が若き日の父親に会い，若き日の母親との愛を実らせようと努力するストーリーの映画だ。その中で父親の枕元に宇宙人の格好をして現れ，耳にイヤホンをあてがって聞かせるのが Van Halen だというのが HM ファンにとっては笑えるところだ。

　Huey Lewis and the News が歌う主題歌 *Power of Love*（1985）は映画の冒頭でのバンド・オーディションの場面で使われる。審査員の一人がヒューイ・ルイス自身であり，予定では彼自身がこの曲を歌うことになっていたのだが，曲が完成していなかったため，急遽主人公が演奏する場面に変更したのだそうだ。

6 **share** 「分ける，分かち合う」 (例)Yoko shares my interest in Heavy Metal. (葉子は私と同様ヘヴィー・メタルに興味がある。)

7-8 **With you I never wonder, will you be there for me.** 「君と一緒なら決して疑いはしない，君が僕の側にいてくれるのだろうかなんて。」

wonder 「疑う，不思議に思う」 名詞も同形。

10 **right** 「適切な，ぴったりの，ふさわしい」 (例)She's just right for the position. (彼女はその地位にふさわしい人だ。) Mr. [Miss] Right（夫［妻］としてふさわしい人，未来の夫［妻］）という表現もある。

11 **lifetime** 「生涯，一生」 (例)He is my lifetime friend. (彼は

finally「ついに，やっと」（例）I finally found Paul's house in Kent.（僕はついにケント州にあるポールの家を見つけた。）

12 **a love to last 〜**　不定詞の形容詞的用法，名詞を後ろから修飾する。（例）① I have a lot of homework to do today.（今日はしなければならない宿題がたくさんある。）② If you don't have anything to add or amend, sign it.（もし付け加えることも訂正することも無ければ，署名したまえ。）(N.H. Kleinbaum. 1989. *Dead Poets Society*（邦題：今を生きる）. Bantam Books.)

　last「続く，継続する，維持する」＝go on（例）I can take all the madness the world has to give. But I won't last a day without you.（この世界が私に与える苦難は甘んじて受けることが出来る。でもあなたがいなければ，一日ももたない。—*I Won't Last a Day Without You*/Paul Williams, 1997）

　through「〜の初めから終わりまで，〜の間じゅう」（例）Kenta and Saori talked about it all through breakfast.（賢太と彩織は朝食の間ずっとその話をした。）

14 **forever**「永久に，いつまでも」＝eternally（例）May peace last forever.♪（平和が永遠に続きますように。）

♪ Richard Marx（リチャード・マークス）の曲に *Now and Forever*（1993）がある。この人のバラードは特筆ものだ。彼は，「家族への愛」や「友情」などを題材にした佳作曲を多く書いている。「ナウ・アンド・フォーレバー」は結婚して子どもを3人作った後に，奥さんに捧げた曲。その奥さんというのが，映画 *Dirty Dancing*（1987）に出演した女優 Cynthia Rhodes なのだそうだ。彼の曲は歌詞が聴き取り易いので，英語学習用に適している。*Ballads*（1994）は，彼のバラード・ベスト集で，特にお勧めの1枚だ。

15 **brand-new**「真新しい，新品の」
16 **And every star (which is) up in the sky was made for me**

and you.「空に輝く星の一つ一つは，君と僕のために出来たものなのだ。」 結構自己中ですねこれも。でもラブ・ソングには何でもアリです。

　こういう場合に受動態が用いられるのだという典型例。「by＋動作主」が無いのも，あくまで主語に焦点が当たっているということで理解できる。海外旅行で食事をする時，Service is included in the bill.（サービス料込み）という説明を目にすることもあるだろう。(例)THE BEATLES COMBO can only be purchased at The Beatles Story or in advance from Cavern City Tours.♪（「ビートルズ・コンボ・ツアー」はビートルズ博物館のみにて，またはあらかじめキャバーン・シティ・ツアーズのみから購入できます。）

♪英国リバプールで，駅前のツーリスト・インフォメーションにあった，マジカル・ミステリー・ツアーのパンフレットから抜粋したもの。いつ行っても結構満員らしく，僕は午前中のツアーを断念し，午後のものに参加した。料金は2000年秋の時点で，15ポンド（当時で約2500円）とちょっと高いが，僕は大満足だった。最後はキャバーン・クラブにて解散で，ビートルズのポスターがもらえた。クラブにはボン・ジョヴィが使用したオベーション社製のエレ・アコが展示されていたり，そこから歩いてわずか数分の所にEleanor Rigbyの像があったりする。The Beatles Storyは旅行ガイド・ブックに「ビートルズ博物館」とあったので，それを使ってみた。僕もここを訪れてこの訳がぴったりだと感じた。

17 **still**「それでも，それにもかかわらず」
　know that ～「～という事実に気付いている，自覚している」(例)Cyndi knows that she's late.（シンディーは遅れてしまったことを知っている。）
18 **But we know that we will be together,**「でも僕らは二人が一緒だということをわかっている。」 このwillは強い意志を表している。(例)I'll definitely pay you back next week.（来週にはきっとお金を返すよ。）

● 曲及びアーティスト解説

　結婚披露宴で是非流したい曲。これでもかと言うほどのラブ・ソング。楽曲が良ければジャンルは関係ないということを証明し、全米最高5位を記録した名曲だ。Mr. Big の *To Be with You* (1992) も勿論外せないけれど、Firehouse のアルバム *Good Acoustics* 収録のバージョンを聴いた時、僕にとってはこの曲が披露宴用お勧めベスト曲になった。メタル系のアーティスト達が歌うバラードには、佳作が多い。ボン・ジョヴィも良いバラードを作っているし、ガンズの *Patience* なども実に良い。

　エレ・アコの音が爽やかに響き、メロディーの美しさが、少々言葉足らずの歌詞を十分にカバーしている。「君を永遠に愛しつづけるぞ〜！」と、日本人には言えそうもないことを、単純な言葉を上手く組み合わせて代弁してくれている。この曲の歌詞を読むと、なんだかどこかで聴いたことのあるフレーズばかりで、悪く言えば歌詞の「パクリ」、良く言えばラブ・ソングで使われる言葉の王道を進んでいる、といったところだ。内容と英語自体の「分かり易さ」が、この曲のいい所で、僕は何度聴いても飽きない。この曲なら英語初心者でも歌詞の丸暗記が出来そうだ。ついでにメタルが好きになってくれるともっと嬉しい。Metallica はちょっと、という人には「ちょっとライトなメタルはいかが？」と敢えてお勧めしたい。

　さて、ファイアーハウスについて若干の解説をと思ったら、僕は彼らのことをあんまりよく知らなかったことに気付いた。彼らについては、雑誌などで情報を得ているわけではなく、ただ「歯の浮くようなせりふ」を並べる、ハード・ロック（HM でもいいけれど）・バンドとして、純粋に楽曲が好きなのだ。*When I Look into Your Eyes* (1992) が、僕にとっては入り口だった。その古典的な歌詞を聴いて、もう一工夫無いのかな？と思うものの、メロディーの良さに惹かれて、彼らの曲にのめりこんでしまった。ボン・ジョヴィのちょっと癖のある比喩表現よりは、ずっと分かり易い。「君たち本気でこんなこと思って歌っているの？」と茶々を入れたくなる HM/HR も悪くはない。　　　　　［1990年：全米最高5位］

● *Let's use expressions!*

1 I guess ～ : ～だと思う
I **guess** the time was right for us to say.
　　　　 you live and learn.
　　　　 there is no one to blame.

6 share ～ : ～を分かち合う
Love that we can **share.**
I **share** a flat with my classmate.
Let's **share** a taxi!
Excuse me, can we **share** the bench♪?

♪ベンチという言葉で僕が思い出す曲に *Old Friend*/Simon & Garfunkel (1968) がある。この曲をP・サイモンのコンサートで聴くことができた。アルバム *Bookends* は S&G の最高傑作と評価する声が多い。アルバムとしては『明日に架ける橋』の方が良いのでは？という人も勿論多いと思うが，コンセプトがはっきりしているという点で前者の方がよく出来ている。60年代米国の社会の中で生きる人の一生を描いたこのアルバムは，聴いて歌詞が印象に残るものだ。*America* で歌われる二人の若者の姿が特にいい。歌詞の面から言えば，このアルバムのA面が彼らのベストだと僕は感じている。

8 one : 代名詞
You're the right **one** for me.
John's old car looks just as good as Ringo's new **one**.
One cannot succeed unless one works hard.
There's Mole. The **One** Who Didn't Bring Anything To A Bring-Something Party.
(Hiawyn Oram & Susan Varley. 1996. *Badger's Party*. Collins Picture Lions.)
※ The One ....が全て大文字で始まっているのは，この文が強調文だから。

Losing My Religion

R.E.M.

Oh life is bigger,
It's bigger than you.
And you are not me.
The lengths that I will go to,
The distance in your eyes.
Oh, no, I've said too much.
I said it all.

That's me in the corner,
That's me in the spotlight.
Losing my religion,
Tryin' to keep a view,
And I don't know if I can do it.
Oh, no, I've said too much.
I haven't said enough.

I thought that I heard you laughing.
I thought that I heard you sing.
I think I thought I saw you try.

Every whisper
Of every waking hour,
I'm choosing my confessions.
Tryin' to keep an eye on you,
Like a hurt, lost and blind fool, fool.

> **アウトライン**
>
> 詞の内容が難解なことで知られる R.E.M.。また，グループ名が「レム睡眠」であることを考えても，心理学上の何かがあるんじゃないの？と，ちょっと引いてしまっていた。歌詞の含蓄をそれぞれの解釈でぜひ味わってみてほしい。

人生はより大きい。
人生は君という存在より大きい。
そして君は僕とは違う人間だ。
これから僕が進む道程の長さは，
君の瞳の中に見えている長い長い道程だ。
ああ，喋り過ぎてしまったな。
僕は言いたいことを全部言った。

隅のほうに居るのは僕だよ。
僕はスポットライトの下にいる。
僕は自分の信条をなくしかけてはいるが，
自分の考え方を保とうとはしていて，
でもそれが出来るのかは分からない。
ああ，喋り過ぎてしまったな。
でもまだ言い足りないよ。

僕は君が笑っていたのを聞いたと思った。
僕は君が歌うのを聞いたと思った。
僕は君が何かやろうとするのを見たと思った。

囁きの一つ一つ，
覚醒している時間の中で，
僕は告白することを選んでいる。
僕は君を見つめつづけようとしている，
傷つき，道に迷って，前が見えない愚か者のようにね。

Oh, no, I've said too much.
I said it all.

Consider this.
Consider this hint of the century.
Consider this slip
That brought me to my knees pale.
What if all these fantasies
Come falling around.
And now I've said too much.

But that was just a dream.
That was just a dream.

But that was just a dream.
Try, cry, why, try.
That was just a dream.
Just a dream, just a dream, dream.

Words & Music by William Berry, Peter Buck, Michael Mills, John Stipe
© 1991 by NIGHT GARDEN MUSIC All rights reserved. Used by permission. Rights for Japan administered by WARNER/CHAPPELL MUSIC, JAPAN K.K., c/o NICHION INC.

ああ，喋りすぎてしまったな。
僕は言いたいことは全部言ったよ。

ちょっとこのことを考えてみてくれ。
今世紀の暗示のことをちょっと考えてくれ。
滑ってしまったことを考えてくれ。
それで膝にあざが出来たことも。
もしこの夢想の全てが
その辺に降ってきたとしたらどうなるか。
そうだ，僕は喋り過ぎてしまった。

でもそれは単純に夢の出来事だった。
単なる夢だった。

ただの夢だった。
やってみて，叫んでみて，自問して，またやってみて。
それはただの夢だった。
ただの夢，ただの夢，夢だった。

Out of Time

● *語句解説 & エピソード*

2 **It's** = **Life is**
  life「人生，生涯」（例）That is life.（それが人生なのだから仕方がない。），This is life.（最高の気分だ。），this と that の違いで，このように反対の意味になってしまう。

4 **length**「長さ，距離」，（例）Pop songs of this length are pretty unusual.（こんな長さのポップスは極めて稀だ。）

5 **distance**「距離，道のり，遠距離」（例）I saw city lights in the distance.（遥か遠くに町の灯りが見えた。）

7 **I said it all.**「僕は全てを言った。」ここでの it は「漠然とした状況」を指し，特に日本語に訳す必要はない。（例）It's my turn, isn't it?（僕の番だよね。）If it were not for Santa Claus, children wouldn't enjoy Christmas.（サンタクロースがいなければ，子供はクリスマスを楽しめないだろう。）

8 **That's me in the corner** ＝It is me that is in the corner.（隅に居るのは僕だ。＝追い詰められている，との解釈も可能。）be 動詞の後では目的格を使うのが普通。（例）Who broke the window? ... It was me.（ガラスを割ったのは誰？…僕です。）me はこの場合主格補語なので，文法的には I を用いるべきところだが，日常的には目的格がよく用いられる。（例）Paul is two years older than me.（ポールは僕より2歳年上だ。）これも口語表現では普通の言い方。

9 **in the spotlight**「世間に注目されている」の解釈もあり得る。マイケル・スタイプの歌詞は，複数の解釈が可能なものが多く，あくまでリスナー諸氏の判断にお任せしたい。

10 **lose**「失う」過去形，過去分詞形は lost となる。また lost は形容詞として使われることもある。（例）① Bruce has lost his ticket.（ブルースはチケットをなくしてしまった。）② Mole especially felt lost, alone and desperately unhappy.（特にモグラは放心状態になって，孤独でこの上なく悲しかった。）

(Susan Varley. 1984. *Badger's Parting Gift*. Picture Lions.)

♪ "lost"が曲のタイトルや歌詞に使われている例はたくさんある。特に好きなのが *Lost in Your Eyes*/Debbie Gibson（1989）で，何度も何度も心を元気にしてくれた。歌詞では *Lodi*/TESLA（1990）が好きだ。これは元々CCR（Creedence Clearwater Revival）の曲。TESLAは96年に解散したHRバンドで，2001年にライブ・アルバムにて復活している。90年発表のアンプラグド・ライブ *Five Man Acoustical Jam* は名盤。このアルバムがアンプラグド・ブームの火付け役となった。ビートルズの *We Can Work It Out* をカバーしたりしているが，HR/HMであろうと，良い曲があれば「売れる」という基本的路線を進み，人気を博した。メンバーの一人がギルドの12弦ギターを弾いているということもあって，僕はこのアルバムが気に入っている。
Love Song, *Paradise*, *Modern Day Cowboy* などが，曲の良さと歌詞の聞き取り易さの面から，英語学習用に役立つ。HM/HRはちょっと…という人にも，このアルバムはMCも入っていて，「生きた英語」を聞くいいチャンスになる筈だ。

10 **religion** 「宗教，信条，生き甲斐」 これも，どの意味にとるかによって楽曲のイメージがかなり異なってくる。訳では「信条」として解釈した。

12 **And I don't know if I can do it.** 「でも僕はそれが出来るかどうか分からない。」 it は前行の「考え方を維持すること」と捉えるのが妥当だろう。

if 〜 「〜かどうか」 whetherよりも口語的。(例) Let me know if she's coming.♪（彼女が来るかどうか知らせて下さい。）

♪「出来るかな？難しいかな？でもやってみなきゃ！」…何だか教室での英語の時間みたいなシチュエーションだ。「やってみれば，意外と簡単かも知れないよ。」と生徒諸君を元気付けるのも，毎日の仕事。そんな時に頭に浮かぶのが，*Imagine*/John Lennon（1971）だ。

ジョン・レノンの代表作 *Imagine* については，文庫本で『グレープフルーツ・ジュース（オノ・ヨーコ著，講談社）』が参考になって，面白い。1964 に年初版が，1970 年に英語版が発売されたもので，この本にインスパイアされたジョンが，上記の曲を作ったのだそうだ。その一節を引用する。"Imagine one thousand suns in the sky at the same time. Let them shine for one hour. Then, let them gradually melt into the sky. Make one tunafish sandwich and eat." (Ono Yoko, 1964)

13 **much** much は数えられない名詞に，many は数えられる名詞につく。（例）He's spent too much money.（彼はお金を使い過ぎた。）Van Halen has many guitars.（ヴァン・ヘイレンはギターをたくさん持っている。）

14 **I haven't said enough.** 「僕は十分には喋っていない。」 前行と相反する言葉だが，揺れる主人公の心情を表しているものと解釈したい。
enough 「十分に」（例）Paul worked hard enough.（ポールは十分働いた。）

15 **I thought that I heard you laughing.** 「僕は君が笑っているのを聞いたと思った。」 hear（知覚動詞）＋目的語＋動詞の現在分詞形（または原形）。いわゆる SVOC の構文。C（＝補語）の部分が現在分詞の場合は「進行中の動作」を表し，原形（不定詞）の場合は「完結したこと」を表す。次行解説を参照していただきたい。（例）① I was dying to close my eyes. Then I heard you calling from behind.（僕はどうしても目を閉じたかった。そしたら，後ろから君が僕を呼んでいる声が聞こえたのだ。）② Didn't you say you saw her standing over there?（彼女が向こうに立っているのを見たって言わなかったっけ？）

16 **I thought that I heard you sing** 前行で解説があるとおり，ここでは「君が歌を歌い終わるまで聞いた」ということ。

17 **I think I thought I saw you try** 構文・語彙的に解釈が複雑なことが，このバンドの魅力の一つなので，この部分の意味はじっくりとこの曲を「聴きながら」考えていただきたい。

think を重ねることで，精神的に二重にかつ複雑に葛藤していることを表そうとしている。僕はそう解釈している。

19 **waking hour** 「目覚めている時」
20 **confession** 「自白，告白」（例）I'll make a confession to him.（僕は彼に白状するつもりだ。）
21 **keep an eye on** 「じっと見守る」 eye(s)もポップス／ロックでは常套語（句）。タイトルで使われている例を3つと，歌詞で使われ，英語の学習に適したものを1つ挙げておく。①なんと14週全米1位を獲得した，*Bette Davis Eyes*/Kim Carnes（1981）。これはあまりにも瞳が魅惑的な女性に自分の彼を取られてしまいそうな危機感を歌った曲だ。② *Lost in Your Eyes*/Debbie Gibson♪（1989）はこの本に何度も登場する僕のフェイバリット。あなたの瞳の中でさまよっている私なのよ，と実に可愛く歌っている。

♪ 2001年にも新譜 *M. Y. O. B.*（＝Mind Your Own Business）を発表したデビーは，現在デボラ・ギブソンと名乗っている。僕は彼女のファンなので，この本でもよくふれている。デビュー盤では「子どもっぽい」歌詞が，ちょっと気になったのだけれど，十代だからこそ書ける詞の世界は今でも輝きを保っている。アルバム Anything Is Possible（1990）でのバラード曲には十代から二十代に移行する女の子の気持ちが，実に上手く表現されている（本人とっては自然な表現だったのかもしれないが）。一聴の価値あり。

③ *Can't Take My Eyes Off of You*♪/Boys Town Gang（1982，邦題：君の瞳に恋してる）　この曲は too 〜 to ..., take 〜 off 〜, 不定詞など，教室で取り扱う英語材料が豊富で，しかも明るい内容で，英語学習用としてもベストの部類に入る。

♪ NHKの『青春のポップス』で聴いたと思ったら，2001年秋から冬にかけて CM ソングとして使われているのも聴いた。こういう暗い時代だからこそ，こういった明るい内容の曲が一層輝くのだ

なと実感した。山下達郎氏が彼の番組中で，平和な世の中があってこその音楽なのだ，と言及していたことにも全く同感。

④聞き取りに加えヒーリング用にも最適なのが，*Dust in the Wind*♪/Kansas (1977)。聴き易く，歌い易く，適度に難しい単語もあるので，英語の実力をもっとアップしたい方に特にお勧めだ。

♪英国での研修中，僕は暇さえあればCD屋，楽器屋，本屋めぐりをしていた。アコギ・ブームの昨今，教則本に載っていた代表曲がこれ。ポール・サイモンのコンサートで聴いた *Scarbourough Fair* に触発されて訪れたスカボローの町。滞在先の Leeds（リーズ）からは直通列車が走っていた。リーズ駅の窓口で"Scarbourough, return, please."（スカボローまで，往復切符を下さい。）と言っても，窓口の駅員が"Sorry?"と言って，分かってくれない。5回繰り返してやっと分かってもらえた。日本にいるうちは思わなかったが，結構発音の難しい地名なのだ。スカボローにあった1階がCD屋，2階が楽器屋の店で，2階にたむろしていた若者たちが，ギターで *Dust in the Wind* を弾いていた。英国で買った *Guitarist* というCD付きの雑誌にギター・テク講座があり，その冒頭のページにこんな言葉がある。"The one unifying strand, though, is that there's something in every column that you can learn from, no matter how much of a beginner you are.（各練習曲には共通した項目があります。それはそれぞれのコラムには何かしら参考になる説明が入っているということです。あなたが全くの初心者であったとしてもそうです。)"（*Guitarist*, 2000年夏号）

22 **hurt**　「傷ついた」　ここでは過去分詞。（例）The driver wasn't badly hurt but his passenger was taken to hospital.（ドライバーは重傷ではなかったが，お客は病院に運ばれた。）

25 **consider**　「よく考える，熟考する」（例）You should consider his feelings.（君は彼の気持ちに配慮するべきだ。）　We all consider it wrong to cheat in an examination.（テストでカンニングをするのは悪いことだとみんなが考えている。）

27 **slip** 「滑る，滑って転ぶ」 この語には結構面白い熟語がある。(例) ① Bridget slipped into her dressing gown and hurried downstairs. (ブリジットはガウンをまとって急いで下に降りた。) ② I'll try and slip out while they're watching television. (彼らがテレビを見ている間に気付かれないように出ようと思う。)

28 **bring ～ to …** 「～を…の状態に至らせる」 (例)The punch on the jaw brought me to my knees. (あごにパンチを受けて僕は膝をついた。)

pale 「青白い」 (例)George looks pale. Is he all right? (ジョージは顔色が悪い。大丈夫かな？)

29 **What if ～?** 「～したらどうなるだろうか」 (例)What if Madonna gave a sexual bonfire and nobody came? …What if she released "Sex" … her explicit coffee-table book of erotic photos and writings, celebrating sadomasochism, homosexuality, exhibitionism and other pansexual delights … and the public merely yawned?♪ (もしマドンナの性的挑発に誰も反応しなかったならどうなる？…はっきり言ってテーブルの上に置いておくだけのような，肉欲的な写真と文章が載っていて，SM，同性愛，露出趣味，そしてあらゆる性的快楽をたたえている本である *Sex* をマドンナが発売しても，大衆があくびをするだけだったらどうなる？ *Newsweek*, November 2, 1992.)

♪「ニューズウィーク」からの抜粋。当時マドンナが出した写真集 *Sex* は予想外に反響，と言っても「悪評」の意味での反響が少なくて，エイズ時代の世の中の方が性的には先を進んでいるのではないか，との論調であった。あれから約10年，日本でもヘア・ヌードが当り前のものになり，映画『氷の微笑』やプリンスのジャケット写真で驚いたことが嘘のようだ…。

fantasy 「空想，幻想，幻覚」

● *曲及びアーティスト解説*

　彼らがグループを結成したのは 1980 年,「カレッジ・ロック」ブームに乗ってのデビューだった。マイケル・スタイプのヴォーカルは,米国人でも聞き取りにくいとの評判を聞いていたので,僕はこのバンドには長いこと抵抗があった。でも聴いてみると結構良い曲が多く,アレンジも歌詞の邪魔になっておらず,聞き取り用としても使えるものだと認識を新たにした。92 年のアルバム *Automatic for the People* は内容的には「暗い」方に傾いているものの,それが時代の世相とマッチして 900 万枚を越えるセールスを記録した。音楽雑誌などで調べてみたら,標題曲収録のアルバム *Out of Time*（1991）は,それ以前の 7 枚のアルバムでのイメージを一新させた,バラエティーに富んだ作品だったのだそうだ。僕はこのアルバムが R.E.M. への入門作だったので,上記の事実には無頓着だった。ただ,「ルージン・マイ…」を聴いた時,マンドリンの音が実に素晴らしく,「ジャンルで言うとロックなのかな？」と,曖昧模糊とした魅力に引きずり込まれた記憶がある。

　僕は,学生時代に一時期ブルー・グラスにのめり込み,フラット・マンドリンを買っていろいろな曲をコピーした。もっともビル・モンローのような超速弾きは,全く歯が立たなかったけれども…。そのせいか,マンドリンが使われている曲は好きなので,R.E.M. の「ルージング・マイ・リリジョン」は単純に「良いなぁ」と思う。あれこれ考えずに楽しめるミュージシャンなのだ。邦楽では「ナターシャ・セブン」（高石友也氏が中心メンバーだったと思う）の一員だった,城田じゅんじ氏のアルバム *Soft Shoes* が素晴らしかった。今でもこのアルバムを聴く時は,マンドリンの音に集中している自分に気付く。おっと,ちょっと個人的なことばかり喋り過ぎてしまったかな？　　　　　　　　　　［1991 年：全米最高 4 位］

● *Let's use expressions!*

2 比較級
Life is **bigger** than you.
Paul is two years **younger** than John.
Now I've grown **wiser** now, **brighter** now.
When he's at home, he speaks with a **louder** voice than when he's at work.

11 keep 〜:〜を保つ,〜の状態にしておく
I'm trying to **keep** a view.
George's illness **kept** him in hospital for three weeks.
The Black Crows **kept** singing without a break.
Ooh, **keep** me together. You got what I need.
You **keep** pushing me away.

21 try to〜/〜ing:〜しようと努力する/〜をしてみた
I'm **tryin' to** keep an eye on you,
Mick **tried to** open the door, but it was locked.
Keith **tried pulling** the door and it finally opened.
I **tried to** buy "Pet Sounds" yesterday, but I couldn't find it.

♪ビーチ・ボーイズのアルバムの中でも,屈指の名盤と評価される「Pet Sounds」。サーフ・ミュージック一辺倒のバンドではないと言うことを世間に認識させたことでも後世にまで語り継がれる作品。P・マッカートニーはこのアルバムをモデルにして「Sgt. Pepper's Lonely Hearts Club Band」のコンセプトを構成したそうだ。ビーチ・ボーイズのメンバー,Brian Wilson(ブライアン・ウィルソン)は後に,「ペットサウンズ」はビートルズの「Rubber Soul」から構想を得たと話しており,当時の英米を代表するバンドの相関関係が垣間見えて,エピソードとして興味深い。

Runaway Train

Soul Asylum

Call you up in the middle of the night
Like a firefly without a light.
You were there like a blowtorch burning.
I was a key that could use a little turning.

So tired that I couldn't even sleep.
So many secrets I couldn't keep.
Promised myself I wouldn't weep.
One more promise I couldn't keep.

It seems no one can help me now.
I'm in too deep there's no way out.
This time I have really led myself astray.

Runaway train never going back.
Wrong way on a one way track
Seems like I should be getting somewhere.
Somehow I'm neither here nor there.

Can you help me remember how to smile,
Make it somehow all seem worthwhile.
How on earth did I get so jaded.
Life's mystery seems so faded.

I can go where no one else can go.
I know what no one else knows.

> **アウトライン**
>
> 「僕は逃走列車だ。微笑むことも忘れてしまうほど，疲れ切っている。何もかもが退屈でしょうがない。でも逃走しても結局は何も変わらないのだ。」90 年代初頭の混乱した世界を，力強い歌唱と演奏で歌うことに成功した楽曲だ。

君のことを真夜中に思い出す
光を発しない蛍のように。
君はバーナーが燃えているようにしてそこにいた。
僕はちょっとだけしか回らない鍵のようだった。

僕はとても疲れていて眠ることさえもできなかった。
守ることのできない秘密がたくさんあった。
僕は決して泣かないと断言した。
守れもしない約束を一つ増やしたのだった。

誰も僕を助けてくれないと思う。
あまりに深みにはまり過ぎて，もう抜け出せない。
今回，僕は本当に道がわからなくなった。

逃走列車は決して戻ることはない。
一本道のはずなのに，道を間違えてしまった。
僕はそれでもどこかにたどり着くとは思うのだが。
どういうわけか，僕はどこにもいないということになる。

僕が笑い方を思い出せるように誰か手伝ってくれないか？
なんとかして全てのことが価値のあるものになるように。
一体全体どうして僕はこうもうんざりしてしまったのだろう？
生きることの神秘性がほとんど消えうせている。

僕は他の誰も行けない所に行くことが出来る。
誰一人として知らないものを，僕は知っている。

Here I am just drownin' in the rain,
With a ticket for a runaway train.

Everything is cut-and-dry,
Day and night, earth and sky,
Somehow I just don't believe it.

Bought a ticket for a runaway train.
Like a madman laughin' at the rain,
Little out of touch, little insane,
Just easier than dealing with the pain.

Runaway train never comin' back.
Runaway train tearin' up the track.
Runaway train burnin' in my veins.
Runaway but it always seems the same.

Words & Music by David Pirner © 1992 by LFR MUSIC All rights reserved. Used by permission. Rights for Japan administered by WARNER/CHAPPELL MUSIC, JAPAN K.K., c/o NICHION INC.

この場所で僕は雨の中，びっしょり濡れている，
逃走列車の切符を手にして。

何もかもが陳腐なのだ。
昼も夜も，大地も空も。
どういうわけなのか僕はそれを信じていないだけだ。

僕は逃走列車の切符を買った。
その列車を見て笑っている頭のおかしな奴のように，
ごくわずかに物事に疎くなり，ごくわずかに狂気じみて，
でも痛いのを我慢することよりはちょっとは簡単だよ。

逃走列車は決して戻ることはない。
逃走列車は線路を粉々にする。
逃走列車は僕の血管の中で燃えている。
逃走せよ，だけど，いつも同じことに思える。

Grave Dancers Union

● *語句解説＆エピソード*

1 **call up** 「を思い出す，に電話をかける」
2 **like** 「〜のように」 as でも代用できるが少々フォーマルになる。
 firefly 「蛍」 glowfly, glowworm とも言う。
3 **blowtorch** 「鉛管工などが使うガスバーナー」
 burn 「燃える」
4 **a little〜** 「僅かながらも〜がある」 little は「ほとんど無い」の意味。(例)With a little help from her, I would have completed it. (彼女からの助けがほんのちょっとあったら，僕はそれを完結させていただろうに。)
5 **(I was) So tired that I couldn't even sleep.** 「僕はすごく疲れていて眠ることさえ出来なかった。」
 so 〜 that ... 「…なほど〜，非常に〜なので…」 (例)She got up so early that she was able to catch an early train. (彼女は早起きしたので早い時間の電車に間に合った。) 「間に合う」は，"be in time for 〜"とも言える。また「乗り遅れる」は，"miss"を使う。

♪"miss"がタイトルに含まれている *Just Missed the Train*/Trine Rein (1993) を聴いた時，学校で習う英語だって，こんな所でちゃんと使われているじゃないか，と嬉しくなった。トリーネ・レインは1970年米国生まれでノルウエー育ち。87年に米国に戻り，地元の学校に通った。再度ノルウエーに戻り，91年レコード・デビューしている。「恋が上手く行かなくても，がっかりしないで。電車に乗り遅れたようなものよ。」と歌うこの曲だけでなく，良質のポップ・ソングがアルバムを通して揃っている。僕はジャケット写真を見て思わずドッキリしてしまったが，ジャケットのおかげで彼女のCDを買ったという男性が多いのではないかな。でも良い一枚です。

 even 「〜さえも」 強調語。(例)Even Homer sometimes

nods.（諺：弘法も筆の誤り。）
6 **(There were) So many secrets (that) I couldn't keep.**
「かくし通せない秘密がたくさんあった」
7 **promise oneself**「保証する, 断言する」「約束する」の意味の語には engage, appoint などもある。
8 **One more promise I couldn't keep.**「もう一つ約束するなど出来なかった。」＝I couldn't keep one more promise./There's one more promise that I couldn't keep. と解釈が出来るだろう。訳詞では前者を採択した。
10 **in deep**「深入りして, 深く関係して」 deep の名詞形は depth。(例)The depth of The Mogami River here is about three meters.（最上川の水深はこの辺りで約3メートルだ。）
way out「出口, 脱出法, 解決策」＝exit, resolution
11 **this time**「今度は, この時に」(例)I'm going to listen to Carol King's songs♪ to cheer myself up this time.（今度は自分を元気付けるためにキャロル・キングを聴くことにするよ。）

♪聴けば聴くほど好きになり, それが現在も進行中なのがキャロル・キング。僕は英国での研修中 *Natural Woman, The Very Best of Carole King*（2000）という英国編集版のベストCDをHMVで購入して聴いていた。値段は約15ポンド。日本円にすると約2500円だから, 結構高かったかな。でもこのCDにすごく癒された。家族と離れて暮らし, 時には泣きたいほど辛いことがあったり, どうなってしまうのだろうという大ピンチに見舞われたりもした。そんな時学生寮の自分の部屋で, 22曲入りのこのCDを聴いたものだった。そしてなぜキングの楽曲が世界中で愛されているのかが, 初めて身にしみて分かったような気がした。*It's Going to Take Some Time*（邦題：小さな愛の願い）ではラストで再出発に際しての「小さな決意」が成される。そんなキングの作品全体に流れる潮流を, 僕は彼女の曲を約30年も聴き続けて改めて認識したのだった。
1977年発表のコンピレーション・アルバム *Time Gone By* の方が, 「元気付け」という観点からは優れていると僕は感じている。1曲目の *Hard Rock Cafe* からラストの *Sunbird* まで, ずっと変わらぬ

強い心を持つように勇気付けてくれる。ジャケットも良いし，実は *Tapestry*（1971，邦題：つづれおり）よりも上記の2枚の方が僕は好きだ。研修中にずっと同じグループにいたトモ子さんが，ちょっとキング似の女性だった。何回か登下校をご一緒させてもらっているうちに *Cryin' in the Rain* のヒロインに勝手に当てはめさせてもらってもいた。やっぱり実例があった方が曲のイメージや歌詞をつかみやすいし，そんな聴き方も楽曲の楽しみ方の一つだ。

12 **runaway** 「逃亡した，暴走する」
13 **track** 「線路，プラットフォーム」 track で意外なものを表す例を一つ：track suit（(英) トレーニング・ウエア）＝sweat-shirt（米）。
15 **somehow** 「どういうわけか」
neither 〜 nor ... 「〜でもなく…でもない」 (例)Neither Loggins nor Messina can go to the party.（ロギンズもメッシーナもパーティに行けない。）
16 **Can you 〜?** 「〜してくれないか？」 依頼・要請の表現。(例)Can you please open the door for me?（ドアを開けてくれませんか？）
remember 「〜を思い出す」 (例)I suddenly remembered that I had seen John Lennon in Karuizawa in 1978.（僕は突然ジョン・レノンを1978年に軽井沢で見たことを思い出した。）同意語には recall, recollect, reminisce などがある。
17 **(Can you help me) Make it somehow all seem worthwhile.** 「何とかして全てが価値のあるものに思えるようにしてくれないか。」 前行からの続きとして解釈したが，単純に命令文とも解釈できる。
somehow 「何とかして」 2行前とは異なる意味。(例)Somehow the situation would be changed.（何とかしてこの状況は変化するだろう。）
it ここでは漠然とした状況を表している。(例)How's it going? — Not too bad, thanks.（どう，調子は？—まあ悪くはな

いよ，有難う。)
18 **How on earth did I get so jaded.** 「一体どうして僕はこんなに疲れ切ったのだろう。」 訳詞では「うんざりしている」としたが，どちらで解釈するかはリスナーの皆さんの判断に任せたい。

how on earth ～ 「一体どのようにして～」 強調表現。
19 **fade** 「しおれる，あせる，なくなる」 (例)The song faded away little by little. (その歌は徐々に聞こえなくなった。)
21 **I know what no one else knows.** 「僕は他には誰も知らないことを知っている。」 SVO の構文。目的語の部分が，主語と述語を含んだ'節'になっている場合である。目的語を従える動詞は他動詞と呼ばれ，代表例として，know, believe, decide, expect, find, discover などがある。(例)I finally decided to buy Britney Spears♪ at Virgin Mega Store in Leeds. (僕は遂にリーズにあるヴァージン・メガ・ストアでブリトニー・スピァーズを買うことを決心した。)

♪何かと話題のブリトニー・スピアーズ。僕は彼女のデビュー盤…*Baby One More Time* (1999) の日本盤初回 CD を買った。時代を反映しているというのか，何と言ったらいいのか…彼女のプリクラ・シールが付いていたのには唖然とした。英国での人気は格別のものがあり，ウィリアム王子に電子メールを送っていたというのは有名な話。アルバムに *E-Mail My Heart* という曲があり，「電話の代わりに電子メールで心を送る」といった主旨を歌っているのも，時代を表している。

24 **cut-and-dry/-dried** 「新鮮味のない，月並みな」
25 **day and night** 「昼も夜も，日夜」 ここでの day は「日中＝日の出から日の入りまでの間」の意味。

earth and sky 「大地と空」
26 **Somehow I just don't believe it.** 「なんとなく僕はそれを信じることが出来ないのだ。」 この文も SVO。believe もポップス頻出語♪。

♪ 人を信じることの大切さを歌った曲は勿論沢山ある。数ある曲の中で僕は前半の解説でもふれた Carole King の作品が好きだ。2001年末に届いたキャロル・キングの最新作 *Love Makes the World* の1曲, *It Could Have Been Anyone* で歌われている内容が素朴で良いなと感じた。何だか心がす～っとしたのだ。

僕にとって，こんなに嬉しいアルバムは他にはない。ジャケット写真の，彼女の笑顔も実に良い。彼女の公式ホーム・ページ www.caroleking.com にアクセスしてみれば，いろいろなコメントを読むことが出来る。CD 中に次のコメントがある。"If you'd like to read more about the writing and recording of the songs on *Love Makes the World*, please visit my website at WWW.CAROLEKING.COM. (もし皆さんがこのアルバム収録曲についての制作およびレコーディング過程について更に知りたいのでしたら，私のホーム・ページをご覧下さい。)"

28 **laughin'** = **laughing**
29 **out of touch** 「～と連絡がなくなって，うとくなって」
   insane 「精神異常の，馬鹿げた，非常識な」（例）an insane asylum（精神病院）または a lunatic asylum とも言う。しかし現在では mental hospital/home と言う方が普通。
31 **Runaway train (is) never comin' back.** ここからの3行は動詞を補って解釈してみた。
32 **Runaway train (is) tearin' up the track.**
   tear up 「～をずたずたに破る」（例）Paul tore up a letter. (ポールは手紙を破った。)
33 **Runaway train (is) burnin' in my veins.** 「逃走列車は僕の静脈の中で燃えている。＝僕はとてつもなく苦しいのだ。」
   vein 「静脈」

● *曲及びアーティスト解説*

「この曲は,何もしないでいてはいけない,とにかく何か行動をしなければならない,というメッセージ・ソングなのだ」という主旨の発言をメンバーがしていたと記憶している。元気づけソングの一つと捉えてもいいが,僕は内容が暗すぎるかなと感じている。MTVで初めてこの曲を聴いた時の,あの強烈な印象がずっと残っていることがその原因であることは,否定できない。この曲のビデオ・クリップは,「行方不明の子供たち」の顔とプロフィールを流すというものだった。

合衆国でのことだ,と他人事のように思っていたあの時期から,十年が過ぎようとしている。日本でも児童虐待のニュースが頻繁に流れ,子供たちの置かれた状況が悪化しているのではないか,いやとっくにそうなっているのだと,コメンテイター諸氏は絶叫気味に喋っている。解決策については何も言わないのにもかかわらず。

ソウル・アサイラムは結構歌詞がおもしろいバンドだ。動物や昆虫が随所に登場してくる。たとえば「じっとしている蝿」,「電柱を這い上がる毛虫」,「空を行くコンドル」や「鞍をつけられるトカゲ」といった具合だ。そんなところに注意しながら曲を聴いてみるのもおもしろい。

この本では音楽用語の解説をする機会が無かったので,彼らのベストアルバム *Black Gold : The Best of Soul Asylum* のライナーノーツから引用しながら,音楽雑誌などを英語で読むのに役立つであろう語彙についての説明をほんの少ししておきたい。

○Surprisingly, for such a highly electric combo, it was the acoustic guitar which provided Soul Asylum's breakthrough. (驚くべきことに,エレキを主体にしたバンドであるのに,ソウル・アサイラムがブレイクしたのはアコギのおかげだった。) combo＝楽団,スピーカー付きギターアンプ。acoustic guitar＝通称アコギ。あくまで生音が命の楽器。70年代風に言えば,フォーク・ギター。breakthrough＝大躍進。「大ブレイクした！」など

と言う時に使われる。

○Leaving A&M, Dave returned to the bare bones of his songwriting, sitting at home and simply strumming. (A&Mレコードを離れ，デイブは作曲の大事な部分へと戻って来た。つまり家で座ってギターを弾くという姿に。) songwriting＝作詞・作曲すること。strum＝ギターをかき鳴らす。爪弾く。(例)Paul was just strumming on the guitar. (ポールはちょっとギターを爪弾いていただけだ。) [1992年：全米最高5位]

Black Gold

● *Let's use expressions!*

9 (it) seems 〜 : 〜のように思われる
It seems no one can help me now.
It seems likely to snow
Debbie got lost in John's eyes. So it seems that she can't last a day without him.

15 neither 〜 nor ... : 〜でも…でもない
Somehow I'm neither here nor there.
George was neither in the studio nor on the street.
Neither Paul or Ringo knows where John is.
Bob is neither rich nor famous.

20 no one 〜 : 誰も〜ない
I can go where no one else can go.
No one knows where Julia lives.
Where's Alice? — No one knows where she is.
Carole stayed in all morning waiting, but no one came.

29 little/a little : ほとんど〜ない/ほんの少し〜がある
I am little out of touch, little insane,
Ringo slept very little last night.
There was little hope.
What Debbie needs is a little honesty.

Without You

Mariah Carey

No, I can't forget this evening
Or your face as you were leaving.
But I guess that's just the way
The story goes.
You always smile but in your eyes,
Your sorrow shows.
Yes, it shows.

No, I can't forget tomorrow
When I think of all my sorrow
When I had you there.
But then I let you go.
And now it's only fair
That I should let you know
What you should know.

I can't live,
If living is without you.
I can't live.
I can't give anymore.
I can't live,
If living is without you.
I can't give.
I can't give anymore.

Words & Music by Pete Ham and Tom Evans © Copyright 1970 by APPLE PUBLISHING LTD., London, England Rights for Japan controlled by TRO Essex Japan Ltd., Tokyo Authorized for sale in Japan only

Without You

> **アウトライン**
>
> 「あなたがいない人生なんて考えられない。あなたを手放してしまった今になって，そのことに気付いた。あなたに私の気持ちを知ってもらいたい。」1972 年の Nilsson（ニルソン）のヒット曲を女性の気持ちでカバーした美しい仕上りの曲。

今夜のことを忘れるなんて，私には出来ないし，
あなたが出て行く時の表情を忘れることも，出来はしない。
でもそういう風に話が進んでいくのだということは，
わかってる。
私はいつも微笑んでいたけれど，あなたの瞳には
悲しみが見えている。
悲しみが見えている。

明日があるってことを忘れるなんて，私には出来ない。
私のこの悲しい気持ちを思ったら，
あなたがそこにいてくれた時のことを思ったら。
でもそれから私はあなたを手放した。
そして今これは良いことだと思うのだけど，
あなたが知っておいても良いだろうことを
あなたに知っておいてもらうことは。

生きて行けるのだろうか，
あなたがいない人生を。
生きて行くことは出来ない。
もうこれ以上あなたに与えるものはない。
生きては行けない，
あなたがいなければ。
与えるものなどない。
もう与えるものなどない。

● *語句解説 & エピソード*

1 **forget** 「忘れる」 この動詞の後に動名詞が続くと「〜したことをわすれる」、また不定詞が続くと「(これから) 〜することをわすれる」の意味になる。(例) Paul will never forget receiving a letter from George. (ポールはジョージから手紙をもらったことを決して忘れることはない。) Don't forget to shut the door. (ドアを閉めるのを忘れないで。)

2 **Or your face as you were leaving.** 「あなたが出て行く時の表情も忘れることは出来ない。」 前行からの続きになっている。

face 「顔、顔つき」 類語に countenance, look, visage などがある。(例) Mariah stared Bryan in the face. (マライアはブライアンの顔をじっと見つめた。) また動詞 (「直面する」の意) で使われることもある。

as 「〜の時に」＝when (例) As their homeroom teacher came into the classroom, students stopped talking. (担任の先生が教室に入ってきた時、生徒たちは喋るのをやめた。)

3-4 **But I guess that's just the way the story goes.** 「でも私は単にそういう風に物語は進むものだと思う。」

the way 「〜の仕方、〜のように」 (例) This is the way that James♪ play the acoustic guitar. (これがジェイムズのアコギの弾き方だ。)

> ♪ポップスで James と言えば James Taylor。*Fire And Rain*, *You've Got a Friend* などの曲で、ご機嫌なギターサウンドを聴かせてくれる。(『ロックの心 3』参照)。英国の音楽雑誌 *MOJO* 2000 年 8 月号に、プロのソングライター達が選んだ名曲 100 選の特集があった。その中で *Fire and Rain* は 16 位にランクされている。参考までに上位 10 曲とその作曲者を 1 位から順に紹介したい。*In My Life*/John Lennon (1965), *Satisfaction*/M. Jagger & K. Richards (1965), *Over the Rainbow*/H. Arlen & E.Y. Harburg (1947), *Here There and Everywhere*/Paul McCartney (1966), *Tracks of My*

Tears/S. Robinson, W. Moore & M. Tarplin (1965), *The Times They Are A-Changin'*/Bob Dylan (1964), *Strange Fruit*/Lewis Allan (1939), *I Can't Make You Love Me*/M. Reid & A. Shamblin (1991) Sung by Bonnie Raitt, *People Get Ready*/Curtis Mayfield (1965), *You've Lost That Lovin' Feelin'*/B. Mann, C. Weil & P. Spector (1964) Sung by The Righteous Brothers。こうして見るとやはり, 現在活躍中の作曲家は60年代の影響を強く受けているのだなと感じる。

6 **show** 「見える, 現れる, 分かる」(例)His happiness showed on his face.(幸福な様子が彼の表情に現れた。)
7 **Yes, it (= your sorrow) shows.**
8 **No, I can't forget tomorrow**♪ 「私は明日のことを忘れることが出来ない。」 明日もこの悲しみが続くと思うと, 不安でたまらない。そんな気持ちを表しているのだと解釈出来る。

♪ "tomorrow"がキー・ワードになっている曲に *Borrowed Time*/John Lennon がある。これは1984年発表のアルバム *Milk and Honey* 収録曲。人生を俯瞰した内容の曲。*In My Life* に通じるものがあるかなとも思うが, それはリスナーの感じ方次第だ。一般的には評価の低いアルバムではあるが, 同アルバム収録の *Grow Old with Me* は歌詞の内容を含めて, 名曲と言って良いだろう。
1980年12月, 当時大学生だった僕は, 40歳の誕生日にレノンのアルバムを買おうと決めた。ジョンが亡くなったのが40歳, そのことが何度も連呼されていたことがきっかけだった。そして2000年8月, 僕は英国で40歳の誕生日を迎え, 滞在先のカンタベリーにあったHMVでレノンの *Lennon Legend* とブリトニー・スピアーズのアルバムを買った。そして週末にはアビー・ロードを訪れ, その閑静さに驚いた。僕の40回目の誕生日とその後に経験したことは, レノン・フリークの僕にとって意義深いことの連続だった。次の目標は定年退職のその日にレノンのアルバムを買うことかな。その時点ではまだCDもMDもフツーに売られているのだろうか? 40歳の時点でLPレコードではないものを買うことになるとは, 80年当時は想像も出来なかった…。さてこの先世の中どうなりますことやら?

9 **When I think of all my sorrow**　「私の悲しみの全てを思う時，明日のことを心配せずにはいられない。」と，前行と連結させて解釈できる。

when 〜　「〜の時」　接続詞としての使い方の例を挙げてみる。(例)When telephoning to Japan from England, dial 81 first.（英国から日本に電話をする時は，最初に 81 をダイヤルする。）　Ringo has just opened the window when he heard a scream.（リンゴが窓を開けた時彼は叫び声を耳にした。）

11 **But then I let you go.**　「でもその時私はあなたを手放してしまった。」

let　「〜させる」「自由に〜させておく」という容認を表す。make は「無理に〜させる」という強制を表し，have は「〜される，〜してもらう」という意味を持つ。　(例)Did you have your hair cut?（髪を切ったの？）

12-14 **And now it's only fair that I should let you know what you should know.**　「そして今あなたに必要なことだけは知っておいてもらっても良い。」この3行は，主人公の複雑な心情が，そのまま複雑な構文になってあらわれたと考えるのは，深読みのし過ぎだろうか？

fair　「公平な，正当な」　(例)All's fair in love and war.（恋と戦いは手段を選ばない。）

should　「〜するのが正しい，〜するのが良いことだ」　(例)You should stop smoking.（タバコは止めたほうが良いと思うよ。）

16 **living**　「生きること」　ここでは動名詞。

18 **I can't give anymore.**　「私はもう与えるものは無い。」　give がタイトルで使われている例を一つ。(例)I love Whitesnake's "Give Me All Your Love."（僕はホワイトスネイクの「ギヴ・ミー・オール・ユア・ラヴが大好きだ。）

● *曲及びアーティスト解説*

　Without You/Nilsson がヒットした 1972 年は *American Pie*/Don McLean, *Heart of Gold*/Neil Young, *A Horse with No Name*/America, *Alone Again*/Gilbert O'Sullivan などのヒットが生まれた年だった。透明感の溢れるニルソンの歌唱は，ピアノ主体のアレンジも相まって多くの人の共感を呼び，この曲は全米1位に輝いた。

　この曲が作られたのは，1970 年。イギリスでのことだった。ビートルズが設立したアップル・レコードの一員として，男性4人組の Bad Finger というグループがいた。彼らのセカンド・アルバム *No Dice* に収められた曲だった。彼らはロック・バンドとしての評価が高く，ライヴでもかなりハードなギター・サウンドを展開した。当時ビートルズとも交流を持っていたニルソンがたまたまこの曲を耳にして，「ピアノで弾いて，歌ってみよう」と思いついたのだそうだ。僕はこの話を，2000 年秋に BBC の TV 番組で聞いた。そして英国滞在中に彼らの BBC ライヴ盤を，ブートレッグだが手に入れて聴いてみた。全編にハードなギター・プレイが流れ，白熱したパフォーマンスである。悲劇のバンドとして名高いバッド・フィンガーだが，初シングルはポール・マッカートニーが彼らのために書いた *Come and Get It* (1969) であり，佳曲が多いので興味のある方は是非聴いていただきたい。

　マライア・キャリーは 90 年代を代表するアメリカン・ポップ・シンガーで，日本でも CM に起用されるなど，馴染み深い。あまりのヒット曲の多さに，改めてびっくりしてしまう。主な全米1位曲は *Vision of Love* (1990), *Love Takes Time* (1990), *Somebody* (1990), *I Don't Wanna Cry* (1991), *Emotions* (1991), *I'll Be There* (1992), *Dreamlover* (1993), *Hero* (1993), *Fantasy* (1995), *Always Be My Baby* (1996), *Honey* (1997), *My All* (1998), *Heartbreaker* (1999), *Thank God I Found You* (2000) などがある。シングル及びアルバム・セールスの累計も，きっと信じられないほどのものになっ

ているのだろうが，敢えて言及しないことにした。*Without You* や *I'll Be There* はカバー曲だが，彼女自身の作詞によるヒット曲の方が多いことを一言付け加えておきたい。［1993 年：全米最高 3 位］

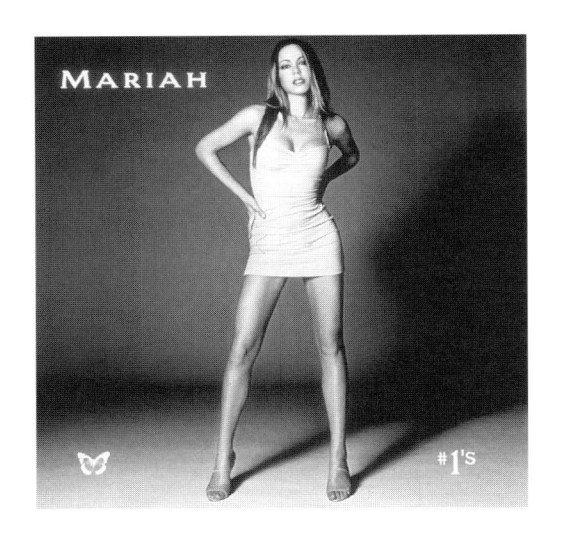

● *Let's use expressions!*

5 always ～ : いつも～

You **always** smile but in your eyes, your sorrow shows.

Yoko is **always** on John's mind and in his heart.

I **always** have the feeling that I enjoy teaching my students English.

Ellen was **always** answering the door, talking to the coalman.

When I read *House at Poo Corner*, I **always** remember "Loggins And Messina."

11 let ～ : ～させる，～にしておく

But then I **let** you go.

Britney won't **let** another pass her by again.

It was just this morning that Kenny **let** me know Jim was gone.

Let's go to Iron Maiden's concert, shall we?

13 should ～ : ～するのが良い

And now it's only fair that I **should** let you know.

You **should** go now. (= It's your decision, but if I were you I would go now.)

Oh, it's ten to nine! I **should** be heading home.

John's back now. Yoko **shoud** have to jump for joy.

16 if ... : もし…なら(条件節)

I can't live, **if** living is without you.

If Mick is wrong or right, he doesn't give a damn.

If you believe, as I do, that music is so much more than "surface," then you need this album in your life.

(*MOJO*, May 2002)

I'll Make Love to You

Boyz II Men

Close your eyes, make a wish.
And blow out the candlelight.
For tonight is just your night.
We're gonna celebrate, all thru the night.
Pour the wine, light the fire.   5
Girl your wish is my command.
I submit to your demands.
I'll do anything, girl you need only ask.

I'll make love to you
Like you want me to.   10
And I'll hold you tight
Baby all thru the night.
I'll make love to you
When you want me to.
And I will not let go   15
Till you tell me to.

Girl relax, let's go slow
I ain't got nowhere to go.
I'm just gon' concentrate on you.
Girl are you ready, it's gon' be a long night.   20
Throw your clothes on the floor.
I'm gon' take my clothes off too.
I made plans to be in you.
Girl whatever you ask, we can do.

> **アウトライン**
>
> 「今夜は二人だけで，素晴らしい時を過ごそう。君が望むことなら，何だろうと叶えてあげる。僕は一晩中君を愛そう。君が『離して』と言うまで僕は君を強く抱きしめる。」

目を閉じて，お祈りをしよう。
そして蠟燭の火を吹き消そう。
だって今夜は君のためにあるのだから。
僕らはお祝いをするのさ，一晩中だよ。
ワインを注いで，火をつけよう。
ねえ君，君の願いは僕の願い。
僕は君の思いのままさ。
僕はなんでもするよ，君はただ願いを言うだけでいい。

僕は君を体ごと愛してあげるよ。
君が僕にして欲しいようにね。
そして僕は君をきつく抱きしめるよ。
ねえ君，一晩中ずっとだよ。
僕は君を体ごと愛してあげるよ。
君がそうして欲しければね。
そして僕は君を離しはしない，
君が離してというまではね。

ねえ君，力を抜いて，ゆっくりやろうよ。
僕はどこにも行かないからさ。
僕は君のことだけに集中するのだから。
ねえ君，心の準備は出来た？長い夜になるからね。
身に付けているものなんて床に投げてしまえ。
僕も服を脱いでしまうから。
僕は君と一つになる計画を立てたのさ。
ねえ君，何でも言ってくれ，僕らには出来ないことなどない。

Baby tonight is your night.
And I will do you right.
Just make a wish on your night,
Anything that you want.
I will give you the love of your life.

Words & Music by Kenneth Edmonds
© Copyright by Ecaf Music The rights for Japan licensed to Sony Music Publishing (Japan) Inc.

ねえ君，今夜は君のためにある。
そして僕は君にとって良いことをするのさ。
今夜は願いを言うだけで，
君が望むことのすべてをかなえよう。
生涯刻み込まれる愛を君にあげよう。

the ballad collection

● 語句解説＆エピソード

1 **make a wish**　「願いをかける」　動詞で使われる wish は仮定法を用いた構文にもなる。

3 **For tonight is just your night.**　「今夜は単に君のための夜だ。」　SVC の構文。「主語＝補語」の関係がある。この文型の代表的な動詞には be, keep, become, make, look などがある。

4 **celebrate**　「祝う」　(例)Paul celebrated his 60 th birthday. (ポールは 60 歳の誕生日を祝った。)

　all thru [through]　「～の間じゅう」　all, right が強調のために使われる。thru は米語の略式表現。

5 **pour**　「注ぐ」　(例)John poured a cup of tea♪ for George. (ジョンはジョージにお茶を入れてあげた。)

> ♪ 2000 年 12 月の週末，僕はウエールズにあるバンゴールという小さな町を訪ねた。リーズからマンチェスターを経由し，チェスターで乗り換えて海沿いをしばらく列車が走り，ウエールズ語の看板が見えると，イングランドを離れたのだという実感があった。日本で買ったガイド・ブックにバンゴールと書いてあったので気付くのが遅くなったのだが，この地はビートルズがマハリシ・マヘシ・ヨギのセミナーを受けるために訪れた場所だった。
> ビートルズの 4 人も，この地でお互いにお茶を注ぎ合った場面があったのかも知れない。そう思いつつバンゴールを後にした。ちなみにビートルズ関係の文献や，最近読んだ『ブリジット・ジョーンズの日記』の翻訳版では，この地名はバンゴアとなっている。

7 **submit to ～**　「～に屈服する，服従する」　(例)I will not submit to your bullying. (お前の脅しなんかに負けるものか。)

　demand　「要求，需要」　(例)After two successful films, that actor is in great demand in Hollywood. (2 本の映画が成功した後，その俳優はハリウッドの売れっ子となった。)

8 **anything** 「何でも」 (例)I will do anything♪ I can do to help.（手伝えることなら何でもいたしましょう。）

> ♪ anything（何でも）が持っているニュアンスを実感したのは，*From Me to You*/The Beatles (1963) だった。しかも歌詞中では，直後に関係代名詞の that が続く。笑ってしまいたくなる程に教科書的だ。この曲をはじめ，ビートルズ初期の曲が発表されてからほぼ 40 年経った。それでもまだ英語の教材としての価値は落ちていない。1963 年は *Sukiyaki*/Sakamoto Kyu が全米 1 位を獲得した年。その当時の邦楽曲を使って，果たして我々が ALT（外国人語学講師）などに日本語を教える気持ちになるかと考えると，ビートルズの素晴らしさが一層分かってくる。
> ビートルズに限らず，僕が大好きなヘビー・メタルの曲だって，捜せば素晴らしい歌詞の曲がたくさんある筈だ。そう考えて洋楽にハマり込んでいる。この本で紹介，引用している楽曲や歌詞で，気に入ったものがあれば是非全体のストーリーを聴いて，読んで理解して欲しい。読者の皆さんが英語の学習のためにと捜した CD が，時の経過と共に想い出の一枚となり，自分自身を励ましてくれるかけがえのない一枚になる。ちょっとでもその一助になればと願いつつ，英語の勉強になりそうな曲を探し，その解説のために文献を調べた。実はそのおかげで，僕自身も貴重な楽曲に巡り会うことが出来たと感謝している。

9-10 **make love to** 「性交する，寝る，いちゃつく」対訳で，さすがにこの通りには訳せなかったので，ご了承を。
like 「～と同じように，～と同じ程度に」 (例)Don't talk to me like you talk to a child.（子どもに話すみたいに私に向かって話さないでくれ。）

11 **hold** 「抱く」 (例)Lovers are holding each other in their arms.（恋人達はお互いをしっかりとその腕に抱きしめ合っている。）

15-16 **And I will not let go till you tell me to** to 以下に "let you go" が省略されている。

17 **relax** 「くつろぐ」 名詞形は relaxation。

18 **I ain't (＝haven't) got nowhere to go.**＝I have nowhere to go.
   nowhere to go 不定詞の形容詞的用法。(例)① Ringo has some assignment to do in the morning. (リンゴには午前中にやらなければならない宿題がある。), ② If I had wings to fly, I would cross over the river. (もしも私に翼があったら、川を飛んで越えて行くのに。) ③ I'm looking for somebody to love. (誰か愛する人を探している。)
19 **I'm just gon' (＝gonna＝going to) concentrate on you.** 以下 "gon'" はすべてこれと同じ意味の省略。
   concentrate on 「～に集中する」 名詞形は concentration。(例) Please don't interrupt while I'm concentrating on my homework. (宿題に取り組んでいる時に邪魔しないで下さい。)
20 **be ready** 「～の用意ができた、準備ができた」 (例)Shui! Dinner's ready. (修栄。夕食の支度ができたよ。)

♪この言葉はホーム・ステイ中に毎日のように聞いた言葉。米国でも英国でも僕がお世話になった家庭は共働きで、子供が独立別居している家庭だった。米国では費用のことが話題になったことが無かったが、英国では「そんなにお金もらってないのよ。」と何度か奥さんに言われた。英国ではあくまでビジネス、という認識だった。ただ、どちらの家庭にも感謝していることには変わりない。英国では部屋に TV があったおかげで、退屈しなかった。番組名は忘れたが、11時過ぎの番組で、かなり低俗なものがあった。スタジオに若いカップルを呼び、二人の親密な関係を喋らせる。それを二人の母親が隠れてこっそり聞いている。そして最後に「お母さんがスタジオにいますよ！」と伝えるというものだった。

21 **clothes** 「衣服」 類語には dress, costume などがある。
22 **take off** 「衣服を脱ぐ」 (例)Take off your dirty shirt, Ringo. (リンゴ、汚れたシャツを脱ぎなさいよ。)
23 **make a plan** 「計画を立てる」 (例)Have you made any plans for tomorrow? (明日の計画は立てましたか？)

24 **whatever** 「どんな事を〜しようとも」 (例)Robin said to her, "Wherever you go, I'll be with you."(ロビンは彼女に言った,「君がどこに行こうとも,僕は君と一緒に居るつもりだ」と。)

26 **And I will do you right** 「君のことをちゃんと扱うから」 つまりは満足させてあげるから,ということ。

27 **just** 「ちょっと,ともかく」 ここでは彼女の気持ちを少しでも和らげようとしている。この言葉で命令文が少しマイルドになる。

28 **that** 関係代名詞。(例)Sara fell in love with Albert. The world that she found was too good to be true. (セーラはアルバートと恋に落ちた。彼女が見つけた世界は信じられないくらい素晴らしいものだった。)

29 **I will give you the love of your life.** 「僕は生涯忘れられないような愛を君にあげよう。＝これ以上出来ない位に君を愛してあげる。」 SVOO の構文。(例)① Ben. Can't you talk to me? Can't you try and tell me what's wrong? (ベン,私に言ってくれないか？私にどうしたのかを言ってくれないか？) ② Maybe I could — maybe I could buy you a drink and we could just talk. Maybe —.♪ (えーと僕は…僕があなたにお酒を差し上げて,ちょっとお話をしたいと思うのですが。えーと…。)(①②とも Webb, C. 1963. *The Graduate*. Penguin.)

♪小説『卒業』からの引用。原文のタイトルの意味は「卒業生」であるところが,翻訳のマジック。「卒業」という言葉の方が,ずっと深くまで日本人の心に響く。山形県内の高校は3月1日が卒業式の学校が多い。日本の卒業は「まだ寒い季節」なのに,英米は「夏・夏・常夏」というギャップが面白い。当然ダスティン・ホフマン演じるベンジャミンは,輝く太陽の下,水着姿で何度も登場する。「卒業→夏→性の開放」と結びつくところがまた,この作品の味なのだ。

● 曲及びアーティスト解説

　あのベイビーフェイスが作った曲。エリック・クラプトンが歌った *Change the World*（1996）のプロデューサーとしても，数々の賞を獲得した。

　英語で歌われているから何とも感じないが，タイトルを直訳すると「君と性交する」になる。1994 年 14 週連続全米 1 位曲。これだと「プリンス殿下」の曲の方がまだ間接的な表現で，おとなしく感じてしまう。ボーイズ II メンの快進撃はその後も止まらず，この曲に続き *On Bended Knee* が 6 週全米 1 位を獲得した。つまりは 1 位にいたのが連続 20 週，チャートの上位にいた期間を考えれば，途方もない期間彼らの曲がメディアで流れていたことになる。

　1994 年は僕が千葉県から山形県に転勤した年だった。前年に長男が誕生して，公私に渡りいろいろと多忙な時期だったので，実はあまりこの年は洋楽を聴かなかった。洋楽を流す FM 番組をあまり聴かず，J ポップに傾倒していたこともあって，僕にとっては洋楽の空白期間なのだ。おかげで R. Kelly, All-4-One, Lisa Loeb & Nine Stories, Ink Kamoze, TLC などは，全て翌年以降に後追いで聴いた。TLC のアルバムに「殿下」の曲が入っていたので，洋楽に興味を持ち直したのだった。

　ボーイズ II メンの全米 1 位曲を挙げてみる。*End of the Road*（1992）は映画 *Pretty League* の主題歌 *This Used to Be My Playground*/Madonna の直後に全米 1 位。*I'll Make Love to You* と *On Bended Knee* が 1 位になった 1994 年は *All for Love*/Bryan Adams, Rod Stewart & Sting と *The Power of Love*/Celine Dion のヒットで幕が開いた。セリーヌの初の全米 1 位曲だった。1997 年には *4 Seasons of Loneliness* が 1 位になり，この直前の 1 位曲が *Honey*/Mariah Carey で，直後の 1 位曲が *Candle In The Wind 1997*/Elton John だった。

［1994 年：全米最高 1 位］

● *Let's use expressions!*

8 will♪：強い意志を表す助動詞

I'**ll** do anything, girl you need only ask.
Don't worry. Olivia **will** be guiding you.
I **will** not find another girl like you.
I'**ll** ask her where she's been.

> ♪ will を使って「炎になるんだ！」と歌う *The Flame*/Cheap Trick (1988, 邦題：永遠の愛の炎) を聴いたのが，就職して5年目のこと。ロビン・ザンダーが絶唱するのを聴いた時に初めて，僕は will の持つ「意志の強さ」を実感した。「覚えておいてくれ。炎や雨などの苦しみの後で，僕が絶対に愛の炎となってあげるから。」曲の良さは勿論のこと，歌詞の上での will を並べたラスト部の盛り上げ方も絶品だ。

15 let：使役動詞

And I will not **let** go till you tell me to.
How do you spell the word? — Hmmm. **Let** me think.
She asked me to **let** her hear my body talk. But how?
Won't you **let** me hold your hand, please?

18 不定詞

I ain't got nowhere **to go**.
I'd be so thrilled **to see** your message.
Do you find it hard **to hide** the fact that you're gay?
(映画 Good Will Hunting (1997))

24 -ever：複合関係詞

Girl **whatever** you ask, we can do.
Wherever I am, I can feel your heart.
Whatever I say, Yoko doesn't mind.
People always want more, **however** rich they are.

To Love You More

Celine Dion

Take me, back into the arms I love.
Need me, like you did before.
Touch me once again.
And remember when
There was no one that you wanted more.   5

Don't go, you know you'll break my heart.
She won't, love you like I will.
I'm the one who'll stay
When she walks away.
And you know I'll be standing here still.   10

I'll be waiting for you,
Here inside my heart.
I'm the one who wants to love you more.
You will see I can give you
Everything you need.   15
Let me be the one to love you more.

See me, as if you never knew.
Hold me, so you can't let go.
Just believe in me.
I will make you see   20
All the things that your heart needs to know.

> **アウトライン**
> 「他の女性(ひと)が去ったとしても，私だけはあなたの側にいる。初めて会うかのように私をちゃんと見つめて，あなたの望むものをみんなあげるから。」ストレートに愛する気持ちを伝える曲だ。

私を連れて行ってね，私が愛する人の腕の中に。
私に居て欲しいと言ってね，前みたいに。
もう一度私に触れてね。
そして，私のことを思い出してね，
私以上に側にいて欲しいと思う人が見当たらない時には。

何処にも行かないでね，私の心が傷ついてしまうから。
彼女は，私みたいにあなたを愛せはしない。
きっと私だけだよ，とどまっているのは，
彼女が去ってもあなたの側にね。
あなたも私がここにとどまることを知っているでしょう。

私はあなたを待ってるよ，
この私の心の中でね。
あなたのことをもっと愛したいと思うのはこの私だよ。
あなたにも分かるはず，私があなたに
あなたの望むものを全部あげることが出来るってことを。
あなたをもっと愛させて。

私のことをちゃんと見て，初めてめぐり会うかのように。
私を抱きしめて，離さないでね。
私のことを信じてくれるよね。
私が見せてあげるから，
あなたの心が知りたいと思うことの全部を。

And some way, all the love that we had can be saved.
Whatever it takes, we'll find a way.

Believe in me.
I will make you see,
All the things that your heart needs to know.

Words & Music by David Foster, Junior Miles
© 1995 by ONE FOUR THREE MUSIC/BOOZETUNES All rights reserved. Used by permission. Rights for Japan jointly administered by PEERMUSIC K.K. & K.K. MUSIC SALES

それで何とか，二人の愛は救われるでしょう。
どんなことがあっても，二人ならやっていける。

私のことを信じてね。
私が見せてあげるから，
あなたの心が知りたいと思っていることを全部。

ALL THE WAY... A Decade of Song

● *語句解説 & エピソード*

1. **take**「連れて行く，持って行く」（例）John took Yoko home in his car.（ジョンはヨーコを車で家まで送った。）
   arm「腕」（例）Paul was walking arm in arm with Linda.（ポールはリンダと腕を組んで歩いていた。）
2. **Need me, like you did (= needed me) before.**「以前そうだったように，私をほしいと言って。」
   need〜「〜を必要とする」（例）① Yoko played a record of The Beatles' "All You Need Is Love."（ヨーコはビートルズの「愛こそはすべて」をかけた。）② When he was down and troubled, James really needed some love.（ジェイムズが落ち込んで，困っていた時，彼は本当に愛が欲しかったのだ。）
3. **Touch me once again.**「もう一度私に触れて。」
   touch「触れる，さわる」（例）Carol touched me on the shoulder and said, "You've got a friend."（キャロルは僕の肩を触って言った。「あなたには友達がいるじゃない」と。）
4. **remember**「〜を思い出す，覚えている」（例）① Can you remember her name?（彼女の名前を思い出せる？）② In the instant he left, Celine finished crying. And she can't remember when.（彼が去ってしまった瞬間に，セリーヌは泣くのを止めた。彼女はそれがいつだったのかを覚えてはいない。）
6. **break one's heart**「人をひどく悲しませる」
7. **She won't, love you like I will (love you).**「私があなたを愛するようには，彼女はあなたを愛せない。」
8. **who** 関係代名詞。（例）When I was in America, Bob was the one who held me up. He never let me fall.（アメリカにいたとき，ボブが私を支えてくれた。決して私を見捨てなかった。）
10. **I'll be standing** 未来進行形。（例）① In a few minutes, we'll be arriving at the Tendo Station.（あと数分で天童駅に到着します。）② I'll be waiting♪ for you at 5 o'clock.（5時にお待

ちしています。）単純未来形の I will wait for you at 5 o'clock. よりも，丁寧な響きがある。

♪英国での研修中，英国の学生と一緒に英語教授法の講義を受ける機会があった。その中で，同じグループになった学生数人から，レストランなどで店の人には"I'll be waiting.（時間がかかってもいいですよ。待ってますよ。）"って言うんだよ，と教えてもらった。こんなことに今まで気付く機会が無かったなんて…。僕は何度教室で「未来進行形」を取り扱ってきたことだろう。彼らにはお礼に"Cheers!"と言って，早速どこかで使ってみようと考え，町に出てみた。行った先は勿論レコード屋さんだった。結局その日は使う機会が無かったのだけれど，なんだか凄く得した気分になれた午後だった。

14-15 **see**＝understand

give you everything (that) you need　SVOO の構文。（例）Layla♪, you gotta (＝have to) tell me the reason. I know you're going to break my heart.（レイラ，君は僕に理由を教えてくれなきゃならない。僕は君が僕の心を傷つけることが分かっているのだ。）

♪レイラという名前で思い出すのは，1970 年発表の名盤 *Layla and Other Assorted Love Songs*/Derek And The Dominos だ。あの妖しげなジャケット。クラプトンのギターがまだ荒々しさを隠していなかった時期だ。英国でのツアーにジョージ・ハリソンが加わっていたことも，ファン周知の所。このアルバムは，僕のお気に入りの一つなのだが，「レイラ」以外の曲も，素敵なラブ・ソング揃いだ。アンプラグドでのアコースティック版も良いが，あのイントロとラストの延々と続くギター・ソロがこの曲の重大要素だ。ドライブ中に聴くのがまた良いんだな，これが。2002 年初めに，某車の CM で「今度は男と来るぞ～っ！」と女性が叫ぶバックに，「レイラ」のギター・ソロ部が流れていた。30 年以上前の曲だなんで信じられない位だ。

16 **let** 「〜させる」（例）John wrote "Don't Let Me Down♪" in 1969．（ジョンは「ドント・レット・ミー・ダウン」を 1969 年に書いた。）

♪ *Don't Let Me Down*（1969）は「僕をがっかりさせないでくれ！」とストレートにヨーコへの愛を歌った曲。シングル *Get Back* の B 面曲だった。2000 年冬に発売された *MOJO* の別冊号 *John Lennon Special Edition* の章題のひとつに "Everybody Let Their Hair Down" というものがある。let one's hair down（打ち解ける，くつろぐ）とジョンの曲のタイトルを掛けたものだ。
この章の記事の中で，let を使っている文を引用してみる。"If Lennon had a musical direction at the time, it was simply one of letting go of the production reins he'd first taken hold of during the making of Rubber Soul.（もしレノンがその当時音楽的な志向を持っていたとしたら，それは単に最初はラバー・ソウル製作時に持っていた製作手段を手放してしまったと言うことだったのだ。）"
こういう訳は何がなんだか解らないだろうから意訳すると，「レノンは 1974 年当時やりたかったことがあって，それはラバー・ソウル製作時の複雑なやり方じゃなく，ストレートなロックンロールをやろうと思っていたのだ。」となる。
1974 年 11 月，ジョンはエルトン・ジョンと共にマジソン・スクエアー・ガーデンにて最後のライブを行っている。その記述もあわせて引用したい。"Sadly, it was the last time Lennon would ever perform live. Backstage that night he encountered Yoko and, though they had not been in constant communication over the past year, the face-to-face encounter lit a flame of reconciliation." この日のバック・ステージで，ヨーコと 1 年ぶりに再会し，元のサヤに収まったのだ。
この *MOJO* 別冊号を僕は，英国の雑誌スタンドで約 5 ポンド（約 830 円）で買った。その翻訳版は 1 年後の 12 月 8 日に発売されている。翻訳版では上記引用の "If Lennon had 〜." の訳文が無いのだが，詳細は不明。

19 **believe in** 「〜を信用する」（例）I believe in you.（僕は君の人格を信じるよ。）

20-21 **I will make you see all the things that your heart needs to know.**「私があなたに，あなたの心が必要としているものを見せてあげる。」

make「使役動詞」（例）① Paul's mother made him clean his room.（ポールの母は，ポールに部屋を掃除させた。）② When you are tired out, "A Hard Day's Night" will make you feel alright.（君が疲れている時は，「ア・ハード・デイズ・ナイト」を聴けば元気が出るよ。）

that 関係代名詞 （例）"Piano Picker♪" is one of my favorite songs of Carpenters. It can really make me feel good.（僕はカーペンターズの「ピアノ・ピッカー」という曲が大好きだ。聴いていて実に気持ちが良い。）

> ♪ *Piano Picker*（1972）はアルバム *A Song for You*（邦題：トップ・オブ・ザ・ワールド）収録曲。A面第1曲目が *A Song for You* であり，この曲がそのままアルバム・タイトルになっている。日本では *Top of the World* の方が馴染みがあるのは分かるところだが，なぜこのアルバム・タイトルになったのだろうか？ 何にせよ，LPのA面には，カーペンターズのベスト盤かと思うほどの曲が並んでいた。この本で取り上げている「愛は夢の中に」を聴きたくて，僕はこのアルバムを随分聴いた。同時に，この曲の他にも，聴いていて勇気付けられる曲があると感じている。1枚のアルバムで，多くのシチュエーションを用意していることも，やはりカーペンターズのマジックなのだ。

23 **Whatever it takes, we'll find a way.**「どんな犠牲を払っても，二人で進む道を探していく。」

whatever...「どんな事を…しようとも」（例）Whatever people say to him, John won't change his mind.（誰が何と言おうと，ジョンは彼の考えを変えないだろう。）

it takes「時間・労力などがかかる」（例）All it takes is a little kindness to others.（必要なのは他人へのちょっとしたいたわりだ。）

● *曲及びアーティスト解説*

　この曲を聴くと，私事で恐縮だが，妻と出会った頃の思い出と重ね合わせてしまう。歌詞の内容だけでなく，曲調のせいだと思う。だから十数年前の，恋愛中だった僕らが交わしていたような言葉で訳してみた。「私」を「僕」に換えれば，確かに僕もそう感じていたな，そういう時期があったなと思い出す。皆さんも自分の恋愛にぴったりの曲を見つけて下さい。恋愛中の方は，結婚披露宴で使う曲の候補として，大事にその曲と共に愛情をあたためて下さい。

　僕が勤務していた楯岡高校に数年前，フランス人の男の子が交換留学生としてやって来た。ほんの数回だったが，LL準備室で仏語会話の相手になってもらった。英語と日本語そして学生時代に第二外国語として学んだほんの少しの仏語と，3か国語が入り乱れ，僕は途中で仏語から英語にシフトしてしまった…。そんな時にも膠着状態を助けてくれたのは，音楽の話題。ミッシェル・ポルナレフ，ジョルジュ・ムスタキ，ジェーン・バーキン，ビートルズの「ミッシェル」などだった。いろいろな曲を聴いて，それを心に留め，大事にしていくことは，僕らの心を富ませてくれることにつながる。

　また，音楽の話題を使ったコミュニケーションで失敗したことは，ほとんど無い。英国滞在中，語学学校で同じクラスになったスウェーデン人の，ミカエル。彼とはスウェーデン出身メタルバンドEuropeの話題で盛り上がった。

　学生時代にせっかく勉強した仏語なので，何とか少しは継続しようと思い，TVとラジオ講座の代わりに聴いたのが，セリーヌ・ディオンのCDだった。仏語で歌っているものを数枚買って，歌詞カードのついていないものもあったけれど，ポルナレフのCDと共に，仏語学習用にと定期的に聴いている。だから僕にとって，セリーヌは仏語の先生だった。某英会話スクールのCMに出ていた彼女を見た時も，あくまで仏語を話す人としてとらえていた。

　90年代を代表する女性ボーカリストとして，その輝く足跡は驚異的でさえある。楽曲の素晴らしさも勿論だが，映画『タイタニッ

ク』での歌唱も素晴らしかった。セリーヌのHPを見ると，英語歌詞のほとんどが掲載されているので，輸入盤を買っても全く困らない。1999年に発表された *All The Way ... A Decade of Song* がやはり入門編としては最適だ。僕は以前，近所の中古屋さんでこのCDの輸入版を500円で買った。そして2001年の夏に，高校総合文化祭で訪れた下関で，邦盤を1000円で買った。下関駅のお土産屋さんの奥に，中古CD屋さんがあったのだ。「ふく天うどん」を食べながら，セリーヌの曲の歌詞を読むなんて思いもしなかったけれど，*My Heart Will Go on* は，海をバックにした方が味わいが増すなぁ，と思った。山形の，しんしんと降り積もる雪道で，スキー場に向かう車の中流れるセリーヌも良いのだが。

　自分の気に入ったシチュエーションで，気に入った洋楽曲を流して，ほんの少し英語の学習にも役立つようにするのは，学習者一人一人の仕事でもあり，楽しみでもある。蛇足ながら *To Love You More* は，セリーヌのライブ盤 *Live a Paris*（1996）のラストにも収録されている。また，日本のTVドラマ『恋人よ』のテーマとしても使われ，オリコン洋楽曲1位を記録している。　　［1995年］

● *Let's use expressions!*

1 take：連れて行く，持って行く

Take me, back into the arms I love.

Yoko said, "John, you can drive my car." Then John **took** Yoko home in her car.

Paul **took** his suitcase and guitar with him. He wished he were homeward bound.

5 that：関係代名詞

And remember when there was no one **that** you wanted more.

And some way, all the love **that** we had can be saved.

I wish I had a song **that** I could sing for you.

The *A Hard Day's Night* soundtrack album began a new era for both the Beatles and the groups **that** followed in their footsteps.

(*The Beatles Book♪*, Oct., 2000)

♪ビートルズのファン・ブックからの抜粋。英国滞在中，何処で売っているのかを探し，リバプールのビートルズ・ショップで見つけたときには，小躍りして喜んでしまった。その後，リーズ市内のウールワースという本屋兼雑貨屋みたいな店で売っているのを発見した。カンタベリー滞在中は遂に見つけることが出来なかったが，とにかく買えて良かった。一冊£2.90 だから，約 500 円だった。本からの抜粋なので，文章が長いことは仕方のないところだ。

10 未来進行形

And you know **I'll be standing** here still.

I'll be waiting for you, here inside my heart.

I'll be seeing you.

17 as if ～：あたかも～かのように

See me, **as if** you never knew.

John tends to talk **as if** he knew everything.

Paul shook his head at Art **as if** to say that the door was closed.

Bruce sings **as if** he were drunk.♪

♪僕がブルース・スプリングスティーンを初めて聴いた時に思ったこと。
Born to Run（1975，邦題：明日なき暴走）と *Born in The U.S.A.* (1984) そして *Bruce Springsteen & The E Street Band Live 1975-1985* (1986) を聴くと、「やっぱり人生ってそうなんだよなぁ」とつい頷いてしまう。わかりにくい発音と、圧倒的なライブ感で、息をつく暇もなく聴き終わってしまう。その後のアルバムも悪くはないが、洋楽にのめりこんだきっかけの一つが上記3枚のレコードだった。是非歌詞カードを見ながら聴きたいアーティストだ。

Born to Run

Real Love

The Beatles

All my little panzer schemes
Bust like some forgotten schemes.
Seems that all I really was doing
Was waiting for you.

Just like little girls and boys 5
Playing with their little toys.
Seems like all they really were doing
Was waiting for love.

Only to be alone.
Only to be alone. 10
It's real love, it's really you.
Yes, it's real love, it's really you.

On the small and on that note
Exactly where my life ago,
Seems like all I really was doing 15
Was waiting for love.

Only to be afraid.
Only to be afraid.
It's real love, it's really you.
Yes, it's real love, it's real. 20

Real Love 153

> ─ アウトライン ─
> 　子どものころの気持ちと真実の愛を結びつけて歌ったバラード。ジョンの残したテープを元に，他の3人のメンバーが集まって完成させた4人の心がうかがえるあたたかい曲だ。

僕が持っている戦車の絵はすべて
忘れられてしまった計画のようにボロボロになっている。
僕がすることはただ
君を待つことだけだった。

小さなおもちゃで遊ぶ
幼い男の子や女の子達と同じように。
彼らがしていたことは
愛を待つことだけだった。

たった一人で。
たった一人で。
それは真の愛で，本当の君の姿。
そうだ，それは真の愛で，本当の君の姿なのだ。

ほんの小さなノートの上，
まさに僕の人生があったその場所を見ると，
僕がしていたことの全ては
愛を待ちこがれていたのだと分かるようだ。

恐れを感じて。
何かが怖くて。
それは真実の愛，本当の君の姿。
そう，それは本物の愛，現実なのだ。

For I've been in love before,
But in my heart I wanted more.
Seems like all I really was doing
Was waiting for you.

It's real love, it's really you.
Yes, it's real love, it's really you.

前に愛を感じていたことはあるけど，
でも僕の胸の中では，もっと愛を求めていた。
僕がしていたことの全ては
君を待っていただけだったようだ。

それは真の愛，それは本当の君の姿。
それは真実の愛，それは真実の君の姿。

The Beatles Anthology 2

● *語句解説 & エピソード*

1 **panzer** 「戦車，機甲部隊」＝tank
  scheme 「図式，図解，計画」
2 **bust** 「壊れる，駄目になる」
  forget 「～を忘れる」 過去形と過去分詞形はforgot, forgotten。(例)We will never forget your kindness.(あなたのご親切は決して忘れません。)
3 **seem that～** 「～のように思われる，見える」 (例)It seems that the weather is improving.(天候は回復傾向にあるようだ。)
5 **like** 「～のような，～のように」(例)*Like a Rolling Stone*♪ (「転がる石のように」：ボブ・ディランの代表曲)

♪ビートル・メイニアにとっては，何度も聞いた話だろうけれど，彼らとボブ・ディランとの関わりについて，少々言及したい。ジョージが88年と90年にトラベリング・ウィルベリーズで競演していることが，メンバーの一人であったジェフ・リンとの連携で*Free as a Bird*へと繋がっていくことになったことが一つ。またジョンがディランを意識していたのは*I'm a Loser* (1964), *You've Got to Hide Your Love Away* (1965), *Yer Blues* (1968), *Dig It* (1970) などを聴いていただくと明らかだと思う。参考文献としては『ビートルソングス研究読本（香月利一著，シンコー・ミュージック，1998年)』，『ビートルズ・リリックス101（シンコー・ミュージック，1998年)』などがある。

9 **to be** 不定詞の副詞的用法。目的（～するために）を表す。(例)Yoko is working hard to buy some CDs.(ヨーコはCDを買うために頑張って働いている。)
11 **real** 「真実の，本物の」 類語にはactual (実在の，現実の), trueなどがある。
  really 「実際に，現実に，本当に」 (例)Do you really mean it? (本気で言っているの？)

14 **exactly** 「正確に,丁度」(例)That is not exactly what John said.(彼は必ずしもそう言った訳ではない。)

where 関係副詞。(例)Here's a map of Liverpool where the fab four♪ lived.(これが,ビートルズのメンバーが住んでいたリパプールの地図です。)

> ♪「ファブ・フォー」はビートルズの別称。ジョージ・ハリソンの曲に *When We Was Fab* がある。アルバム *Cloud Nine* (1987) に収録されているのだが,このアルバム以降,日本でのライヴ盤を発表した以外に,ジョージの新作は出ていない。ただし,報道によれば生前にアルバム用に録音していた作品があり,時間の問題で発表されるとのことだ。
> 僕はグレッチのギターを抱えた,「クラウド・ナイン」のあのジャケット写真が好きだ。*Taxman* (1966) で実はリード・ギターのパートがポールの演奏であったと,大々的に公表されてから,彼の心中はどうだったのだろうか?とファンの一人として気になっていた。でもギターが好きで好きでたまらない,というメッセージが,裏ジャケでギターに背広を着せているところにも表われていると,僕は勝手に思い込んでいる。

15-16 **seem like** 〜 「〜のように思われる,〜らしい」(例)John, that seems like a good idea.(ジョン,それはいいアイディアだと思うよ。)

17 **afraid** 「怖がって,心配して」(例)I'm afraid George's condition very worrying.(ジョージの具合が悪いんだって,心配だな。), I'm afraid employment is hard to find round here.(残念だがこの辺りで仕事を見つけるのはきついと思うよ。)

21 **for** 「〜なので,〜のために」(例)Yamagata is famous for its hot springs.(山形は温泉で有名だ。)

I've been〜 現在完了形「have/has+過去分詞」。

22 **want** 他動詞。後に目的語が続く。(例)Paul, we want a magician for a party.(ポール,パーティーには手品師が欲しいな。)

● 曲及びアーティスト解説

　ビートルズの，*Free as a Bird* (1994)に続く「新曲」。ビートルズのメンバーが集まって，ジョンの遺作を完成させた，とのことだった。しかし実際はテープ上のみの再結成だったらしい。2001年，マッカートニーはかねてから付き合っていた女性との結婚が本格化し，ジョージは自身が末期癌に冒されていることを告白した。ファンとしては少しでも長く創作活動などをしてほしいと願うばかりだ。しかし残念なことにこの課の原稿を進めている途中で，彼の訃報が伝わってきた。僕の手元に届いた *MOJO* の表紙では若き日のジョージが，本当に素敵な笑顔を見せてくれている。

　米国テロ事件のあと，オノ・ヨーコは新聞に"Imagine all the people living life in peace"をメッセージとして掲載したり，"Give Peace a Chance"の看板広告を出したりした。また，マッカートニーは貿易センタービル跡地で追悼コンサートを開くとの意思を表明した。音楽文化は平和の上にこそ成り立つのだと，印象付けられる毎日になっている。

　この曲♪は *The Beatles Anthology 2* (1996) に収められており，同アルバムには，日本公演時の *Rock and Roll Music*，*She's a Woman* も収められていて，我々日本人にとってはうれしいものとなっている。また，テロによる放送自粛曲に指定された *A Day in the Life* も収録されている。なぜ指定されたのかは，皆さんがご自身で推測していただきたい。この曲は，発表当時既にBBCにより，放送禁止曲とされてしまっている。

> ♪この曲の他にもジョンにはいくつも美しいバラードがあるが，そのうちの僕のお気に入りの一つに *Good Night*/The Beatles (1968) がある。ジョンが，当時5歳の息子ジュリアンのために書いた曲だ。通称『ホワイト・アルバム』のラストに収録され，リンゴのボーカルがまた良い。ジョンが弾くアコギも素晴らしい。僕は，自分に息子が生まれてから，このアルバムではこの曲が一番好きになった。ジョンの手による歌詞の素晴らしさを実感した曲だ。蛇足ながら僕が1988年に買ったCD盤『ホワイトアルバム』のナンバーは179464だった。　　　　　[1996年：全米最高11位]

● *Let's use expressions!*

3-4 seem (to) 〜：〜のように思われる
It **seems** that all I really was doing was waiting for you.
You might not **seem to** care what I say.
It **seems** everlasting that she would always be my baby.
Kathy **seems to** be sleeping in her bed.

9 不定詞
Only **to be** alone.
I will sing a song **to make** you feel happy.
I wish I could be there **to brighten** you up.

15 all 〜
It seems like **all** I really was doing was waiting for love.
It seems like **all** her troubles are now so far away.
Wherever I would be, **all** you have to do is call.
Karen stayed in bed **all** morning just to kill time.

17 be afraid
Only to **be afraid**.
She **was afraid** to eat it in case it was poisonous.
Mariah has never **been afraid** of love till she met Rick.
The child **is afraid** of dogs.

21 I've (I have) ＋過去分詞：現在完了
For **I've been** in love before.
I **have let** her down so many times.
Haven't we all **been** in a similar situation before?

I Won't Last a Day Without You

Paul Williams

Day after day, I must face a world of strangers
Where I don't belong, I'm not that strong.
It's nice to know that there's someone I can turn to
Who will always care, you're always there.

When there's no getting over that rainbow, 5
When my smallest of dreams won't come true,
I can take all the madness the world has to give.
But I won't last a day without you.

So many times when the city seems to be without
  a friendly face, 10
It's a lonely place.
It's nice to know that you'll be there if I need you
And you'll always smile, it's all worthwhile.

Touch me and I'll end up singing.
My troubles seem to up and disappear. 15
You touch me with the love you're bringing.
I can't really lose when you're near,
  when you're near my love.

If all my friends have forgotten half their promises,
They're not unkind, just hard to find. 20
One look at you and I know that I could learn to live.
Without the rest, I found the best.

                    Words & Music by Paul Williams & Roger Nichols Copyright © 1972
                    ALMO MUSIC CORP. Copyright Renewed. All Right Reserved. Used by
                    Permission. Print rights for Japan controlled by Shinko Music Publish-
                    ing Co., Ltd.

I Won't Last a Day Without You　161

> **アウトライン**
>
> 「あなたなしでは，生きていけない」という気持ちを率直に歌った曲。勿論カーペンターズのヒットで有名なのだが，作詞者のPaul Williams（ポール・ウィリアムズ）が16年ぶりのアルバムに収録している。

毎日，僕は見知らぬ人ばかりの世界と対峙しなければならない，
そこには僕の居場所は無く，僕はそんなに強い人間でもない。
頼ることの出来る相手がいることは素晴らしいことだ。
その人はいつも僕を心配してくれる，それはいつも側にいる君だ。

あの虹を越えることが出来そうもない時，
僕のほんの些細な夢さえも叶いそうにもない時，
僕はこの世の中がもたらす狂気を全て受けとめよう。
でも君がいなければ一日も耐えられない。

この街で顔見知りもいない，
そんな時が何度もある，
考えてみたら孤独な場所だ。
君を必要とする時，側にいてくれるのは素敵なことだ。
そして君がいつも微笑んでくれるのはかけがえのないことだ。

僕の体に触れてくれれば僕は結局は歌うことになる。
僕に苦労がやって来たり，消えて行ったり。
君は愛情を持って僕の体に触れてくれる。
君が近くにいる時，愛する君が近くにいる時，
僕は自分を見失わない。

もし僕の友人みんなが，約束事の半分を忘れたとしても，
それは彼らが冷たいからではなく，思い出すのが難しいだけだ。
君を一目見れば僕は生きるすべを学べる。
たとえ他の人がいなくても，僕は最高の相手を見つけた。

● *語句解説 & エピソード*

1 **day after day** 「毎日，くる日もくる日も」 day by day（日々，毎日），from day to day（日増しに），all day long（一日中），every second day（一日おきに）などの表現もある。(例)What day of the week is it today?（今日は何曜日ですか？）

   must 「～しなければならない」 命令や必要をあらわす。(例)So I've made my mind up I must live my life alone.（私は一人で生きていかなければならない）

   face 「～の方を向く，直面する」 (例)Paul can't face going to the dentist alone.（ポールは一人で歯医者に行く勇気がない。）

   stranger 「見知らぬ人」 (例)Don't talk to strangers.（見知らぬ人に話しかけてはいけない。）

2 **where** 関係副詞，ここでは先行詞は前行の a world of strangers。(例)① I love you in a place where there's no money or position.（私はお金も地位も無い所であなたを愛している。＝愛にはお金も地位も関係ない。） ② He's taking her to (the place) where the magic rules the world.（彼は魔法が支配している世界へ彼女を連れて行くところだ。）

   that 「それほど，そんなに」 口語表現。(例)Ringo can't go that far.（リンゴはそんなに遠くまでは行けないよ。）

3 **it is nice to ～** 「～するのは良いことだ」

   turn to～ 「～に助言を求める，～に頼る」 (例)John turns to playing the guitar for relaxation.（ジョンは息抜きにギターを弾く。）

4 **care** 「心配する，関心を持つ」 (例)Karen cared a lot about her personal appearance.（カレンは自分の見た目にとても気をつかっていた。）

5 **there is/are no ～** 「少しも～ない」 (例)① There was no

end to his trouble.（彼の苦労には果てが無かった。）② There are no cheap restaurants near hear. Let's eat at home!（この辺には安いレストランはないよ。家で食べよう！）
get over　「〜を乗り越える，困難を克服する，立ち直る」（例）You can get over the difficulties.（君は困難を乗り越えることが出来るよ。）

7 **take**　「〜を受け入れる，〜に耐える」（例）Take the news calmly.（そのニュースを冷静に受けとめなさい。）
madness　「狂気」同意語には insanity, lunacy などがある。
has to 〜　「〜しなければならない」（例）Yoko has to finish her homework this afternoon.（曄子は今日の午後宿題を終了させなければならない。）

8 **won't**　強い意志をあらわす。「そんなこと出来るわけが無いだろう！」といったニュアンス。（例）And I won't be so blind next time.（そして私は今度はそんなに恋に盲目にならない。）
last　「もつ，耐える，続く」（例）The concert started at four in the afternoon and lasted for five hours.（そのコンサートは午後4時に始まって5時間続いた。）

10 **friendly**　「好意的な，味方の」（例）George is on friendly terms with Paul.（ジョージはポールと仲が良い。）

11 **lonely**　「孤独な」　人付き合いが余り好きではなく孤独を好むというニュアンスがある。

12 **know that 〜**　「〜ということを知っている」　that 節が目的語になっている構文。（例）Paul did not know that a girl like in "Michelle" could make him feel so happy.（ポールは『ミッシェル』に出てくるような女の子が自分をこんなに幸せな気持ちにしてくれるなんて知らなかった。）

13 **all**　「全く，すっかり」（例）John showed up all at once.（ジョンは全く突然に姿を現した。）
worthwhile　「価値がある，やりがいのある」（例）If you are interested in rock music, *MOJO* is a worthwhile book.（も

しロックに興味があるなら,『モジョ』は価値のある本だよ。)
14 **Touch me and I'll end up singing.** 「私の体に触れて,そうしたら最後には歌うことになる。」 命令文＋and/or ― の形。
touch 「〜に触れる,〜をなでる,〜を感動させる」 (例)Mariah's songs touched my heart.(マライアの歌を聴いて僕は感動した。)
end up 〜 「〜に終わる,最後は〜になる」 (例)John ended up marrying with Yoko.(ジョンは結局ヨーコと結婚した。)
15 **trouble** 「心配,悩み,苦労,困難」 (例)I had no trouble finding Abbey Road.(僕は難なくアビー・ロードを見つけた。)
disappear 「見えなくなる,消滅する」 類語には fade(次第に薄れていく),vanish(突然消える)がある。(例)The fairy vanished away.(妖精の姿は消えてしまった。)
16 **bring** 「運ぶ」
17 **lose** 「負ける,弱る,衰える」 England lost to Germany at a football game in 2000.(2000年,イングランドはドイツにサッカーの試合で負けた。)
19 **promise** 「約束,誓い」動詞も同形。(例)① I definitely promise that you'll be my only everything.(僕は君しか愛する人はいないのだとはっきりと誓うよ。)② Don't make promises you can't keep.(守れない約束をするな。)
20 **hard to** 〜 「〜するのが難しい」 (例)In front of my students, it is hard for me to say I'm sorry.(生徒の前で謝るのは結構きついことだ。)
21 **learn to** 〜 「学ぶ,〜するようになる」 (例)Paul never learned to get along with his coworkers.(ポールは決して同僚と上手くやろうとしなかった。)
22 **the rest** 「残り,その他の人々」

● *曲及びアーティスト解説*

　詞の美しさを味わうことの出来る作品が並ぶアルバムなんて，そうそうあるものではない。男性を主人公と設定しても，女性を主人公と設定しても，人間として共通した心情をこんなに上手く表現できるところに，ポール・ウィリアムズが書く詞の素晴らしさがある。カレン・カーペンターのあの素晴らしいボーカルで聴いても，ポールのちょっと恥ずかしげなボーカルで聴いても，すんなりと感情移入が出来る。この曲を聴くと，僕は新しい発見をし，英語を勉強し続けて良かった，前よりも少し内容が分かるようになった，と感じることが度々あるのだ。彼の歌唱を聴くまでは，あくまで女性の感情として内容を捉えていた。数年前，山下達郎氏のFM番組「サンデー（以前はサタデー）・ソングブック」でゲスト出演した竹内まりやさんが，この曲をカラオケで歌ったのを聴いたことがあった。その時も，あくまで女性の気持ちを歌ったものなのだと，勝手に決めつけていたのだった。聞く側が少しずつ成長できるところに，音楽を通した英語学習の素晴らしさがあると思う。

　カーペンターズのアルバム *A Song for You* にも *I Won't Last a Day Without You* が入っている。彼らにとって4枚目のアルバムは，僕にとって1番好きなオリジナル・アルバムでもある。僕は *Golden Prize* というベスト盤を74年に買って，それがカーペンターズへの入門盤となった。

　さて『ア・ソング・フォー・ユー』はLPのジャケットでは白い大きなハートのデザインが，大きすぎてちょっとグロテスクに感じて，あまり気に入らなかったが，CDのサイズになってからはすごく気に入っている。ベスト盤ばかり注目されて，オリジナル・アルバムの良さが過小評価気味，というより，あまりレコード屋さんに置いていないのが，ファンにとっては不満である。

　カーペンターズが歌ったポールの曲を紹介しておきたい。*We've Only Just Begun* (1970，邦題：愛のプレリュード) は元々ポールがCMソングとして歌っていたものを，リチャード・カーペンターが気に入って，自分たちのシングルとして発表し，全米1位を獲

得した。現在ではその歌詞の内容から，新婚カップルの歌として定着している。1970年の全米1位曲には，*Raindrops Keep Fallin' on My Head*/B.J. Thomas, *Venus*/Shocking Blue, *Bridge over Troubled Water*/Simon & Garfunkel（邦題：明日に架ける橋），*Let It Be*/The Beatles, *The Long and Winding Road*/The Beatles, *Close to You*/Carpenters（邦題：遥かなる影），*I'll Be There*/Jackson Five などがある。*Rainy Days and Mondays*（1971）は当時20歳になったばかりの，カレンの歌唱力が遺憾なく発揮されたもの。僕は一時期「雨の月曜日」が来ると，教室でこの曲を流したものだった。日本の梅雨にも合うのですよ，この曲は。

I Won't Last a Day Without You は1997年に発表されたベストアルバム *A & M Greatest Hits* に収録され，また日本向けアルバム *Back to Love Again* 用に再録音された。(1973年リリース時には全米106位，1974年にはカーペンターズが歌って全米11位を記録している。)　　　　　　　　　　　　　　[1997年：New Version]

● *Let's use expressions!*

1 must 〜：〜しなければならない，〜に違いない
Day after day, I **must** face a world of strangers
I'm afraid I **must** be going now.
I **must** work hard tonight. I have an exam tomorrow.
He **must** be over forty now.

5 there is 〜
When **there's** no getting over that rainbow,
There's no place for her to go.
There is a rock'n'roll band called RATT♪.
There isn't any sugar in my tea!

> ♪ラットは80年代にLAメタル・ブームの一翼を担ったバンド。以前LA出身のALTと仕事をする機会があり，随分とLAメタルについて話をして盛り上がった。その女性ALTは米国に里帰りして日本に戻ってくると，HM／HRのカセットを買って来てくれた。授業でも僕と彼女が交代でいろいろな曲を教材として使用し，リチャード・マークスやイーグルスの曲等々を解説して，本当に楽しかった。悪いとは思ったがセンター試験直前の講習にも彼女を引っ張り出して，生徒諸君の気分転換にとカンサスの曲などを使い，解説してもらったこともあった。彼女が日本にいた2年間で約150回の65分授業，つまりはティーム・ティーチングを行ったが，合間の余談でもメタル，ロックやポップスの話題を炸裂させたものだった。当時の生徒諸君には，わけのわからないマニアックな話を，しかも英語でやったわけだから，今になって非常に申し訳ないと思っている。でも英語を興味のある分野を通して学習することは，何にも増して効果があるのだという僕たちのメッセージは生徒諸君に伝わったのでは，と感じている。

9 seem 〜
So many times when the city **seems** to be without a friendly face.
The children **seem** to be pleased with their Christmas gifts.
Paul Williams **seemed** shy at first.

One Week

Barenaked Ladies

It's been one week since you looked at me.
Cocked your head to one side and said, "I'm angry."
Five days since you laughed at me saying,
"Get that together, come back and see me."
Three days since the living room.
I realized it's all my fault, but couldn't tell you.
Yesterday you'd forgiven me,
But it'll still be two days till I say I'm sorry.

Hold it now and watch the hoodwink
As I make you make you stop, think.
You'll think you're looking at Aquaman.
I summon fish to the dish, although I like the Chalet Swiss.
And I like the sushi
'Cause it's never touched a frying pan.
Hot like wasabe when I bust rhymes
Big like LeAnn Rimes
Because I'm all about value.
Bert Kaempfert's got the mad hits.
You try to match wits, you try to hold me,
But I bust through
Like Andrew Lloyd, I've got a big show.
Mine's about a Back-hoe.
There'll be a big sound from the pavement.
Gonna make a break and take a fake.
I'd like a stinkin' achin' shake.

> **アウトライン**
> 何と説明したらよいものだろうか？異色の曲だ。ジャンルで言うとコミックソングとなる。全米1位曲の中に「セーラームーン」など日本のことが言及されているのも面白い。

君が僕のことを見てから一週間になる。
君は首をかしげて言ったね，「頭にきたわ」って。
僕がこういったのに対して君が笑ってから5日になる，
「そのことは二人で話そう，戻って来てくれ。」
居間にいた時から3日になる。
全部僕が悪かったのだと分かったけど，それが言えなかった。
昨日君は僕を許してくれた。
でも僕が謝るまではまだ2日はかかりそうだ。

ちょっと待ってくれ，そして僕が君をだますのを見ていてくれ
僕が君を待たせて，考えさせるのを。
君は僕のことをアクアマンだと思うだろうな。
僕は魚料理を要求する，もっともシャレー・スイスが好きだけど。
フライパンに触れないから
僕は寿司が好きだ。
ワサビのように辛いのさ，僕がラップを口ずさむ時は，
リーアン・ライムズのようにビッグなのさ，
だって僕はそれだけの価値がある人間なのだから。
バート・ケンファートは大ヒットを飛ばした。
君は機転を利かせて，僕を抱きしめようとする，
でも僕はそれから逃れるのさ，
まるでアンドルー・ロイドのように，僕は大舞台に立つ。
僕はまるで大型のブルドーザーみたいだ。
舗道からすごく大きな音がすることになる。
ちょっと一休みして，騙されたフリをしてくれ。
僕は刺すような，チクッとするミルクセーキがいい。

I like vanilla, it's the finest of the flavours.
Gotta see the show, 'cause then you'll know
The vertigo is gonna grow.
'Cause it's so dangerous,
You'll have to sign a waiver.   30

How can I help it if I think you're funny
When you're mad.
Tryin' hard not to smile though I feel bad.
I'm the kind of guy who laughs at a funeral.
Can't understand what I mean?   35
Well, you soon will.
I have a tendency to wear my mind on my sleeve.
I have a history of taking off my shirt.

It's been one week since you looked at me.
Threw your arms in the air and said, "You're crazy."   40
Five days since you tackled me.
I've still got the rug burns on both my knees.
It's been three days since the afternoon.
You realized it's not my fault
Not a moment too soon.   45
Yesterday you'd forgiven me.
And now I sit back and wait till you say you're sorry.

Chickity China the Chinese chicken
Have a drumstick and your brain stops tickin'.
Watchin' X-Files with no lights on   50
We're dans la maison.
I hope the Smoking Man's in this one.
Like Harriosn Ford, I'm getting frantic,

バニラが好きだ，いろんな味がある中でも最高だ。
さあショウを見よう，そうすれば君も分かってくれる
目まいが大きくなるのを。
だってすごく危険，
君は権利放棄証書にサインをしなければならなくなるのだから。

君が興奮するとやたらとおかしいと
僕が思ったとしてもしょうがない。
ちょっときまりは悪いけれど，笑わないようにしてみるよ。
僕ってお葬式で笑っちゃうような奴なのだ。
僕の言うことの意味がわかっている？
まあいいさ，君はすぐに分かるはずだ。
僕は言いたいことを隠さない性分だ。
シャツを脱いで自分をさらけ出してしまったこともあるよ。

君が僕を見た時から1週間だ。
君は空に向かって万歳して言った，「あんた馬鹿じゃないの。」
君が僕と口論してから5日になる。
絨毯が燃えた跡がまだ僕の両膝に残っている。
あの午後から3日になる。
君が僕のせいではないと分かってくれた，
でももう時すでに遅しだな。
昨日君は僕のことを許してくれた。
そして今こうやってふんぞり返って君が謝るのを待っているのさ。

チキッティー・チャイナは中国の鶏，
ドラムスティックを食べれば，君の脳は止まってしまう。
電気を消してXファイルを見る，
僕らは家の中にいる。
僕はスモーキング・マンがこの中にいていたらなあと思う。
ハリソン・フォードみたいに，僕は狂気的になって来ている，

Like Sting, I'm tantric,
Like Snickers, guaranteed to satisfy. 55

Like Kurasawa, I make mad films.
Okay, I don't make films.
But if I did they'd have a Samurai,
Like Skywalker, gotta big hunch.
Hey, that's my lunch. 60
Yoda's a really, really old guy.
Gonna get a set a better clubs,
Gonna find the kind with tiny nubs.
Just so my irons aren't always flying off the back-swing.
Gotta get in tune with Sailor Moon 65
'Cause the cartoon has got the boom anime babes
That make me think the wrong thing.

It's been one week since you looked at me,
Dropped your arms to your sides and said, "I'm sorry."
Five days since I laughed at you and said, 70
"You just did just what I thought you were gonna do."
Three days since the living room
We realized we're both to blame,
But what could we do?
Yesterday you just smiled at me 75
'Cause it'll still be two days
Till we say we're sorry.

Words & Music by Ed Robertson © 1998 by TREAT BAKER MUSIC All rights reserved. Used by permission. Rights for Japan administered by WARNER/CHAPPELL MUSIC, JAPAN K. K., c/o NICHION, INC.

スティングのように，僕はヒンドゥー教信者だ，
スニッカーズのように，満足させることを保証する。

黒澤のように，僕はすごい映画を作る。
そうだ，僕はそんなことしない。
でももしそうしたら，その映画には侍が出てくるだろうよ，
スカイウォーカーみたいな，すごい直感を身につけてさ。
おい，それは僕の昼飯だぞ。
ヨーダは本当に，本当に年をとっている。
もっと良いクラブのセットを持って，
小さなこぶのあるやつを見つけるのだ。
そうだ僕のアイアンはいつもバックスイングで飛ぶわけではない。
セーラー・ムーンにチャンネルを合わせなくちゃ，
その漫画には人気のあるアニメの可愛い女の子達が出てくるから，
それが僕に間違ったことを考えさせるのだ。

君が僕を見てから1週間になる。
君は両腕をだらんと垂らして言った，「御免なさい」と。
僕が君のことを笑ってこう言ってから5日になる，
「君ならそうするだろうなと僕が思っていた通りのことをした。」
居間でのあのことから3日になる，
僕らは両方ともに悪かったのだと気付いた，
でもだからといって何が出来るだろう？
昨日君はただ僕に向かって微笑んだ，
何故ならまだ2日かかるだろうから，
僕らがお互いに謝るまでには。

＊第2スタンザ以降に出てくる人名などについては，読者の皆さんも調べてみてください。（解釈に困るものが多いのです。）なお幾つかはCDの対訳で解説されているので，それを参照していただきたい。

● *語句解説 & エピソード*

2 **cock** 「頭をかしげる」
6 **realize** 「〜を明確に理解する」 (例)John realizes that Yoko is the prize.（ジョンはヨーコが素晴らしい賞品みたいなものだと理解している。）
  fault 「誤り，過失，責任」 (例)There are many mistakes in his essay.（彼の書いたエッセイには間違いがたくさんある。）
7 **you'd**＝you had
  forgive 「〜を許す，勘弁する」 過去形はforgave，過去分詞形はforgiven。(例)Please forgive me for interrupting you.（お邪魔して済みません。），
8 **till** 「〜まで」 (例)John did not come till late in the afternoon.（ジョンは午後遅くまで戻って来なかった。）
9 **hold it** 「待て，動くな，そのままで」 holdにもたくさんの句動詞がある。hold back（控える，ためらう），hold down（仕事を頑張って続ける，価格を抑える），hold on（電話を切らないでおく），hold up（耐える）など。
  hoodwink 「目隠し」
12 **summon** 「呼び出す，〜することを要求する」 (例)They summoned Paul to sing.（彼らはポールに歌うようにと要求した。）
13 **And I like the sushi**♪ 寿司はロングマンの辞書では次のように定義されている，'A Japanese dish consisting of pieces of raw fish on top of cooked rice'.

♪英国滞在中に僕らの担当の先生が，酢飯が英国人には駄目だ，と言っていた。マークス・アンド・スペンサー（英国のスーパー・マーケット）で買った寿司パックに鮪が入っていた。いや，鮪の赤身が乗っていると思って買ったら，それはトマトのスライスだった。米国でホーム・ステイした時，ステイ先の奥さんが「たまにはライス食べたいでしょ？どうぞ召し上がれ」と言ってオーブ

ンレンジから取り出したライスは，一面黄色いもので覆われていて，「やった！卵丼だ！」と思って食べたら，その黄色いのはパイナップルだった…。
寿司が使われている歌詞はないかと探してみたが，見つけることが出来なかったので，読者の皆さんで探してみていただきたい。
Mr. Big のライブ盤が数枚出ていて，タイトルが *Raw like Sushi* というものもある。結構洒落たネーミングだと感心している。

14 **a frying pan** 「フライパン，揚げ物鍋」
15 **hot** 「辛い，熱い」 同意語は spicy，反意語は mild。また hot for〜（〜に熱心な，〜に対して情欲を持つ）という熟語もある。*Hot for Teacher*/Van Halen（1984）を是非聴いていただきたい。
bust 「〜を壊す，だめにする」
rhymes 「押韻詩」 bust a rhyme（ラップで歌う）は米俗語表現。
17 **value** 「価値，重要性」 （例）In Japan, personal harmony is highly valued.（日本では，人の和というものが高い重要性を持つ。）
18 **mad** 「とんでもない，猛烈な」 ここでは「大ヒットしている」の意味。
19 **wit** 「機知，ユーモア」
22 **Back-hoe**＝backhoe 「ブルドーザー」
24 **make a break** 「中断する，逃げる」
fake 「にせもの，見せかけ」
25 **stink** 「悪臭を放つ，ひどい」 （例）It stinks!（嫌だね！）
ache 「痛む，うずうずする」
shake 「ミルクセーキ」
26 **flavour**＝flavor 「味，風味」 （例）Shinji, which flavour do you want, chocolate or vanilla?（真二，チョコレートとバニラでどっちにする？）
27 **Gotta**＝have to

28 **vertigo** 「目まい」
29 **'Cause** = Because
   dangerous 「危険な, 物騒な」 反意語は safe。(例)This river is dangerous to swim in. = It is dangerous to swim in this river. (この川で泳ぐのは危険だ。)
30 **sign** 「～に署名する」 (例)Tell Yoko not to sign away her rights as an employee. (ヨーコに従業員としての権利を譲り渡さないようにと伝えて。)
   waiver 「権利放棄証書」
31 **funny** 「おかしい, 面白い, 滑稽な, 奇妙な」
33 **try hard not to ～** 「～しないように頑張る」 (例)I will try harder next time. (この次はさらに頑張ってみるよ。)
34 **funeral** 「葬式」 (例)The funeral will be held at St. Martin's church. (葬儀はセント・マーティンズ・チャーチでとり行われる。)
35 **Can't (you) understand what I mean?** 「僕の言っていることが分からないの？」
36 **Well, you soon will** 後に "understand what I mean" が省略されている。
37 **tendency** 「傾向」
   wear one's mind/heart on one's sleeve 「隠し立てをしない, 思うことをずばっと言う, すぐに恋をしてしまう」
38 **take off** 「脱ぐ」 反意語は put on。
40 **throw** 「投げる」 活用は threw, thrown。(例)Ichiro threw the ball to Hideo. (一郎は英雄にボールを投げた。)
   arm 「腕」 手首から先を hand, 手首は wrist, 肘から手首までを forearm, 肘を elbow と言う。
41 **tackle** 「論じあう」 (例)He tackled Mr. Ishida about Kenta's work. (彼は石田先生と, 賢太の学業のことで話し合った。)
42 **rug** 「敷物, 絨毯」

51 **We're dans la maison.** = We are in the house.
53 **frantic** 「気も狂わんばかりの，熱狂した」
54 **tantric** 普通の英和辞典には載っていないようだが恐らく，Tantra, Tantrist（ヒンドゥー教のタントラ経典信奉者）から派生したものだろう。
55 **guarantee** 「保証する」（例）We guarantee this guitar for three years.（このギターは3年間の保証付だ。）
56 **make films** 「映画を作る」
58 **they'd** = they would
59 **hunch** 「予感，虫の知らせ」 ルーク・スカイウオーカーと言えば，映画中でのベンの台詞，"Use the Force, Luke."が思い出される。
60 **Hey, that's my lunch.** lunch は前行の hunch と韻を踏んでいる。
61 **guy** 「男，やつ」
62 **club** 「ゴルフのクラブ」
63 **tiny** 「ちっちゃな」（例）Add just a tiny amount of chili pepper, or else it may get too hot.（チリ・ペッパーをほんの少しだけ足してね，でないとすごく辛くなるから。）
nub 「こぶ，結び目」
64 **Just so my irons aren't always flying off the back-swing.** 「そういうことで僕のアイアンはいつもバックスイングした時に飛んで行ってしまうわけじゃないのだ。」つまり，手にひっかかる突起のあるクラブを使うということと解釈した。
irons 「ゴルフのアイアン」
65 **get in tune with ～** 「～にチャンネルを合わせる」
66 **cartoon** 「漫画映画，アニメ」
boom 「ブーム，人気上昇」
73 **blame** 「咎める，非難する，～のせいにする」（例）Isao blamed me for the failure.（イサオはその失敗を僕のせいにした。）

● *曲及びアーティスト解説*

　2000年夏，僕は英国のカンタベリーにある語学学校に2か月半通い，合計10週間のコースに出席した。その9週目に参加した10人のクラスには，イタリア人，ギリシア人，スペイン人がいた。自己紹介の時に，イタリア人の青年が「僕，子どもの頃に，日本の合体ロボットアニメ（具体的な名前を彼は言ったのだが，僕の知らないものだったので，全く覚えていない）を見ていたよ」と話しかけてきた。陽気な彼はその歌をイタリア語で歌って聞かせてくれた。さらに「ポケモンも歌えるよ」と，たたみかけて来た。僕はポケモンの歌を歌えなかったので，ただそれを聞いていただけだった。「どうなっているの？」と感じつつ，「そういえば，以前ベアネイキッド・レイディズの歌にセーラームーンが出ていたな」と思い出していた。

　英国では，ホーム・ステイ先で毎週土曜の朝に，TVでポケモンを見た。旅先のアムステルダムのホテルでも，日曜の朝に見た。ダブリンでも見た。研修中一緒に授業を受けた，オランダ人，スウェーデン人，スイス人，中国人，トルコ人，アゼルバイジャン人などなど，みんなポケモンを知っていた。しまった，もう少しTVでも見ておくのだった，と少々後悔した。異文化との接触はいろいろな側面がある，ということを実感したのだった。

　人を食ったような名前のこのバンドは，僕はMTVで数回見ただけだが，たまたま，スシ，クロサワ，サムライなどが聞こえてきたのが，興味を持ったきっかけだった。はっきり言って訳詞をするにはしてみたが，意味不明の個所が多かった。一緒に歌ってみて，英語を沢山発音する練習曲だということで，訳についてはみなさんの想像力で補っていただきたい。

　尚，蛇足ながら，この曲 *One　Week* は全米1位を記録するわけだが，きっちり「1週」のみであった。　　　［1998年：全米最高1位］

● *Let's use expressions!*

2 直接話法
Cocked your head to one side and said, **"I'm angry."**
You said, **"Get that together, come back and see me."**
Five days since I laughed at you and said,
   "You just did just what I thought you were gonna do."
It's been one week since you looked at me,
   dropped your arms to your sides and said, **"I'm sorry."**

7 過去完了
Yesterday you **had forgiven** me.
The Eagles **had flown** to London to record the album.
Kurt Cobain **had used** "grunge" rock to express his troubled emotions.

25 I'd (I would) like 〜 : 〜を好む，〜したい
I'd like a stinkin' achin' shake.
I would like to know if you could help me.
I would like to make an appointment to see Dr. Feelgood soon for a checkup.
I'd like to throw away the past right now.

58 仮定法
But if I **did** they**'d have** a Samurai,
Elaine, if you **married me**, we **would** both **be** happy.
In London, if you **met** Paul McCartney, what **would** you **do?**
Paul **wouldn't** like it if John **did** better than him in the exam.

Sweet Child O' Mine

Sheryl Crow

She's got a smile that it seems to me
Reminds me of childhood memories
Where everything was as fresh as the bright blue sky.
Now and then when I see her face
She takes me away to that special place.   5
And if I stared too long,
I'd probably break down and cry.
Sweet child o' mine.

She's got eyes of the bluest skies
As if they thought of rain.   10
I hate to look into those eyes
And see an ounce of pain.
Her hair reminds me of a warm safe place
Where as a child I'd hide.
And pray for the thunder and the rain   15
To quietly pass me by.

Sweet child o' mine.
Sweet love of mine.

Where do we go?
Where do we go now?   20
Where do we go?
Sweet child o' mine.

Words & Music by W. Axl Rose, Slash, Izzy Stradlin, Duff McKagan and Steven Adler © 1987 GUNS 'N' ROSES MUSIC The rights for Japan assigned to Virgin Music Japan Ltd. c/o Fujipacific Music Inc.

> **アウトライン**
>
> 「彼女の微笑を見ると，瑞々しかった子どもの頃の記憶が蘇る。彼女の瞳は青空のように澄んで見つめるのがこわいぐらいだ。」

僕には彼女が微笑んでいるように思える。
子どもの頃の記憶を蘇らせてくれるのだ。
全てのものがあの輝く青い空と同じように瑞々しかった頃を。
時々彼女の顔を見ると，
彼女は僕をあの素晴らしかった場所へと運んでくれるのだ。
そしてもし僕がずっと見つめていたなら，
僕は多分自己崩壊して泣き崩れてしまうだろうな。
子どものように可愛い君。

彼女の瞳は限りなく青い。
まるで雨のことを思っているかのように。
僕は彼女の瞳を見つめるのがこわい。
それに苦しみはほんの少しも見たくない。
彼女の髪は僕に温かくて心安らぐ場所を思い出させるのだ。
そこは子どもの頃の僕が隠れていた場所。
そして祈ったのだ，雷と雨が
静かに通り過ぎていくことを。

僕にとって子どものように可愛らしい君。
僕の可愛い君。

僕らの向かう所はどこだろう？
僕らは今どこに向かっているのだろう？
僕らはどこに行くのだろう？
僕の可愛い君。

● *語句解説＆エピソード*

1 **She's (＝She has) got a smile that it seems to me.**「彼女は微笑んでいると僕は思う。」 次行にまで内容が続いている。
has got＝has 「持っている，所有する」（例）I've got something to tell you. (君に言いたいことがあるんだ。)

2 **Reminds me of childhood memories** 「子どもの頃の記憶を蘇らせる」 It seems to me that she's got a smile that reminds me of childhood memories.と解釈してみた。
remind me of ～ 「私に～を思い出させる♪」（例）This scenery reminds me of the valleys of South Wales. (この風景は南ウエールズの渓谷を思い出させる。)。同意語で bring back もある。（例）The place brings back memories of my childhood. (その場所は子どもの頃の記憶を蘇らせる。)

♪それぞれの楽曲が，僕にいろいろなことを思い出させてくれる。教職に就いて4年目に，初めて仕事で修学旅行に行った。その頃よく聞いていたのが Belinda Carlisle（ベリンダ・カーライル）だった。英語の学習に役立てようと意識して選んだアーティストの中でも，最も多く聴いたかも知れない。1987年発表のアルバム *Heaven on Earth* は，結構役立つ熟語が多くて，いまだに自分の財産になっているなと思っている。初任高に LL 教室が設置された時，先ず教材にしたのがベリンダ，シンディ・ローパーやスティビー・ワンダーなどだった。*I Feel Free* は 1967 年に Cream がヒットさせた曲のカバー。*Heaven Is a Place on Earth*, *Circle in the Sand* を作曲したエレン・シップリーは，スターシップの *Nothing's Gonna Stop Us Now*（1987，邦題：愛はとまらない）の作者でもある。
「愛はとまらない」は，実はこの本の「幻の原稿」になってしまった。版権の関係で使えないことが判明したのだ。「愛は…」の稿を全て書き上げてからの知らせだったので，随分がっかりした。（「すみません…」：担当）この曲は僕にとって洋楽ベスト10に入る程に好きなのだ。でもボツになっても，何度も聴き返すことが出来たことと，内容について随分考察することができたことで，

この曲の良さが一層心にしみたことも事実だ。
　ともかく「良いアルバム，良い曲」に巡り会うことは，音楽ファンにとって至上の喜びだ。マイナーなものだろうが何だろうが構わない。

　childhood　「子どもの頃，幼年時代」　類語にchildish（否定的な意味での子どもっぽい，幼稚な），childlike（肯定的な意味で子どもらしい），infantile（＝very childish）などがある。
　memory　「記憶，思い出」　（例）Hold on to the memories.（思い出にしがみつこう。）
4　**(every) now and then/again**＝occasionally　「時々」　（例）I bump into her in town now and then, but not that often.（僕は時々町で彼女に出会うけれど，そんなに度々ではない。）
6-7　**stare**　「じろじろ見る，じっと見る」　（例）Paul was staring into Linda's eyes.（ポールはリンダの瞳をじっと覗き込んでいた。）
　break down　「取り乱す，泣き崩れる」
8　**Sweet child o' (＝of) mine**　「僕の可愛い君」
　of　前置詞のofの用例をいくつか挙げる。（例）① When I was in England, I sometimes stayed up late and tried to hear blackbirds singing in the dead of night.（英国滞在中，僕は時々黒鳥が夜の闇の中でさえずるのを聞いてみようとした。）② John, please sing a song of love.（ジョン，愛の歌を歌って。）③ Michael showed me a photo of my baby smiling whose eyes were like mine.（マイケルは僕の眼とそっくりの眼をした僕の赤ちゃんの写真を見せてくれた。）
9　**She's got eyes of the bluest skies**　「彼女は本当に青い空のような瞳をしている」　最上級で強調している。
10　**as if …**　「まるで…であるかのように」　（例）Koji sings as if he were John Lennon.（弘二はまるでジョン・レノンのように歌う。）
11　**hate to ～**　「～するのを望まない」　hateは不定詞・動名詞の

どちらも目的語にとる動詞で，この他にも dread, like, love, prefer などがある。(例)Doesn't John hate having his photo taken?(ジョンは写真を撮られるのが嫌なのですよね？)

look into ～ 「～の中を覗く」 (例)When I looked into her eyes, I realized that she was all I ever wanted.(彼女の目を覗き込んだ時に，僕にとって彼女が全てだということに気付いたのだった。)

12 **an ounce of ～** 「少量の～」 (例)Mick doesn't have an ounce of common sense.(ミックには常識のかけらもない。)

pain 「痛み」 (例)Take these tablets if you're in pain.(痛みがあるのでしたらこの錠剤を服用してみなさい。)

14 **where** 関係副詞。 (例)Take John where Yoko's eyes can't find him.(ヨーコに見つからない所へジョンを連れて行ってくれ。)

as a child 「子どもの時」

hide 「隠れる，潜む」 (例)Michael hid behind the door.(マイケルはドアの後ろに隠れた。)

16 **quietly** 「静かに，平穏に」 (例)Could you speak quietly, please?(落ち着いて喋っていただけませんか？)

pass by 「通り過ぎる」 (例)None of the people passing by took any notice of her.(通り過ぎる人は誰一人として彼女に気が付かなかった。)

19 **Where do we go?** 「僕らは何処に向かうのだろう。＝この先どうなるのだろう。」 (例)I asked Paul where he was going.(僕はポールにどこに行くのかを聞いた。)

● 曲及びアーティスト解説

　1987年，僕はMTVで，久々にギブソンのレス・ポールの勇姿を見た気がした。当時エレクトリック・ギターの代名詞ともなっているレス・ポール・モデルは，ストラトキャスター型のギターに押されていたイメージがあった。プロのミュージシャンたちが使うギターの流行が，ストラト型に流れていたのだと感じていたからだ。ヴァン・ヘイレン，ジェフ・ベック，エリック・クラプトンなど，ストラト型が比較的軽めだということもあってか，持ちやすく動きやすいということで，ビデオの画面に登場する頻度が多かったような気がする。

　僕は大学生の時，ある楽器屋に飾ってあった79年製のギブソン・レス・ポールのチェリー・サンバーストに憧れた。そのギターは中古品だったが，欲しくて欲しくてたまらなかった。82年に買ってからもう20年が経つ。憧れのジミー・ペイジの曲を弾いてみたくて，下手は下手なりに，エフェクターを活用しては，スコア本のとおりに弾いてみようと苦心した。その後フロイド・ローズのトレモロ付きストラト型のエレキも買ったが，やはりレス・ポールが良い。B'zの松本氏もレス・ポール型のモデルを多用しているようだが，それだけの理由じゃないのだけれど，彼らの曲も好きになった。彼らがよく音源として使っている，エアロスミスのジョー・ペリーの音も気持ちがいい。やっぱりレス・ポールを使っている。

　87年に，ガンズのこの曲をMTVで見た時，久々に体が震えた。それも無意識のうちに。それはレス・ポールの音だったからだと，今でも自分で勝手に思い込んでいる。スラッシュの弾くあのイントロのフレーズは80年代ヘヴィー・メタルの代表的存在だ。全盛期は90年代初頭までと短かったものの，その後のメタル，ハード・ロックに影響を与えたことは事実だ。あのヘヴィーな音が一つの社会現象にまで高まるのに，さほど時間はかからなかった。

　アンプラグド・ブームの前段階において，ガンズが *Patience* (1989)で実に良いアコースティック・サウンドを披露していた。僕は，この曲のサウンドも心地良いと思う。99年に発表されたアル

バム *Guns N' Roses Live Era '87-'93* には，彼らが素晴らしいライヴ・バンドだったことを証明する曲が並んでいる。*You Could Be Mine* (1991)は，映画 *Terminator 2* の主題歌だったので，聞き覚えのある方も多いはずだ。

　そのガンズの曲をシェリル・クロウが実に見事にカバーした。こういう解釈もあるのだなと，僕は素直に聴き入ってしまった。英語の歌詞だから，日本人が理解するにはハンディがあるけれど，「聞く側の嗜好で理解し，好きなように楽しめばいいのだ」という一つのヒントになるカバーだと感じている。マライア・キャリーやハートの *Without You* だってそうだと思うけれど，自分なりの味わい方をすることで，楽しさが増すのだ。尚，この本の詞はガンズ版なので，シェリルを聴く時は，She を He に読みかえてください。

　この本も，もうすぐクライマックスを迎える。マドンナの曲に進む前に，こんな些細なことを是非記しておきたかった。僕は，教室で生徒に歌詞の和訳をあまり提示しない。自分でもよく分からない英語が多いということが理由の一つ。さらに，勝手な解釈を押し付けることにならないようにと思っているからだ。今分からなくても，いつか分かる日を迎えるために学習を続けて欲しい，という願いがある。また，僕自身がいろんな曲を聞く度に，新しい発見をしていることもその背景にある。例えば，クラプトンの *Tears in Heaven*(1992)は，自分の子どもを抱いた時に，「仮定法」を使った歌詞の意味するところが一層よく分かった。エルトン・ジョンの *Your Song*(1970)も，結婚披露宴で聴くと，「そうだよね。そう思うよね」と実感する。ガンズの曲の大部分についても，21世紀を迎えた今改めて聴いてみると，新たな発見が随所にある。カーペンターズの *Yesterday Once More*(1973)の一節では，would が過去の習慣を表すこと，分詞構文が同時性を表すこと，favorite が「すっごく好き！」という意味を含んでいることなどを知った時に，主人公の気持ちに近づくことが出来た気がしたものだ。「文法の勉強も悪くないな」と思う幸運に巡り会えたのも，洋楽のおかげだなと，感謝している。

[1999年：全米最高22位]

● *Let's use expressions!*

2 remind 〜 of ... : 〜に…を思い出させる

Her smile **reminds** me **of** childhood memories.

Her hair **reminds** me **of** a warm safe place where as a child I'd hide.

I must pay the gas bill. I'll put it here to **remind** me.

Oh, that **reminds** me, I have to go to the dentist.

3 as 〜 as ...

Everything was **as** fresh **as** the bright blue sky.

A tomato isn't **as** sweet **as** an apple.

All I want to say is that I am very happy **as** long **as** I have you near me.

As long **as** I live♪, I will be there for you.

> ♪ as long as I live は，ポップスの定番表現だ。例えば *Truly*/Lionel Richie（1982）の一節にも使われている。この曲を含めて，ライオネルの曲は随分と聴いた。
> 「トゥルーリー」はコモドアーズを離れたライオネルの，第1弾シングルで1982年の年末に全米1位となっている。彼の曲を聴く度に，自分自身の80年代が蘇って来る。それほど80年代の随所に彼の曲が散らばっているのだ。おすすめは彼のベスト盤「Back To Front. 1992.」。歌詞だけ読んでも，彼には悪いけど，あまり感動するような内容ではないのに，積み重ねると不思議な魅力を醸し出すのだ。バラードが多く，英語も聞き易いので，良いですよ本当に。

11 hate to 〜/hate 〜 : 〜するのが嫌だ/〜が嫌だ

I **hate to** look into those eyes and see an ounce of pain.

John's mother **hates** her staying out late.

I **hate** bad-mannered people.

I really **hate** the director's film.

American Pie

Madonna

A long, long time ago,
I can still remember how that music used to make me smile.
And I knew that if I had my chance,
I could make those people dance.
And maybe they'd be happy for a while.

Did you write the Book of Love?
And do you have faith in God above
If the Bible tells you so?

Now do you believe in rock'n'roll?
And can music save your mortal soul?
And can it teach me, how to dance real slow?

Well, I know that you're in love with him.
'Cause I saw you dancing in the gym.
You both kicked off your shoes.
Man, I did those rhythm and blues.

I was a lonely teenage broncin' buck
With a pink carnation and a pickup truck.
But I knew that I was out of luck
The day the music died.

I started singing...

> **アウトライン**
>
> 「音楽には力がある，けれどあの3人が天に召された日に一度音楽は死んでしまった。そして私たちは歌い出した，『さようなら，ミス・アメリカン・パイ…』。」詩的な歌詞で音楽への愛を謳う名曲。

随分と前のことだけれど，
私はいまだにあの音楽のおかげで笑顔でいられたことを思い出す。
そして私はわかっていた，もし機会があったならば，
私はあの頃の人々を踊らせることが出来たかも知れないと。
そしてほんの少しの間でも皆が幸せな気分になれたかもって。

あなたは「愛の書」を書いたの？
天にまします神様を信じているの？
もしも聖書にそう書いてあったら？

今あなたはロックン・ロールを信じているの？
そして音楽が人間の魂を救うことが出来るの？
そして私に教えてくれるの，とてもスローなダンスの踊り方を？

そうね，私はあなたが彼のことを好きだということを知っている。
だって私はあなた達が体育館で踊っているのを見たのだから。
二人とも靴を脱ぎ捨てていたでしょう。
何てこと，私も思わずいっしょにR&Bをやってしまった。

私は孤独な十代の野生馬だった。
ピンクのカーネーションとピックアップ・トラックを持っていた。
でも私はついていないと知った。
音楽が死んだ日に。

私は歌い始めた…。

Bye-bye Miss American Pie
Drove my Chevy to the levee.
But the levee was dry.
And good ol' boys were drinkin' whiskey and rye.
Singing this'll be the day that I die...
This'll be the day that I die.

I met a girl who sang the blues
And I, asked her for some happy news.
But she just smiled and turned away.

Well I went down to the sacred store
Where I'd heard the music years before.
But the man there, said the music wouldn't play.

Well now, in the streets the children screamed,
The lovers cried, and the poets dreamed.
But not a word was spoken.
The church bells all were broken.

And the three men I admire the most
The Father, Son and the Holy Ghost
They caught the last train for the coast.
The day the music died.

We started singing...

Words & Music by Don McLean © Copyright 1971 by MUSIC CORPORATION OF AMERICA INCORPORATED & BENNY BIRD COMPANY INCORPORATED, USA. All Rights Reserved. International Copyright Secured. Print rights for Japan controlled by K. K. MUSIC SALES

さようならミス・アメリカン・パイ
私はシボレーを堤防まで走らせた。
でもそこは干上がっていた。
古くからの友人達がウィスキーやライ・ウィスキーを飲んでいた。
今日が私の命日になるのだと歌いながら…
これで私の人生も終わりだと。

私はブルースを歌う女の子に会った，
そして私は，何か明るいニュースはないのかと尋ねた。
でもその娘はちょっと笑っただけで行ってしまった。

それで私は神聖なあのお店に行った。
そこで私は何年も前にあの音楽を聴いたのだった。
でもそこにいた男の人は，あの音楽はもう聴けない，と言った。

だから今，子どもたちは通りで叫び声をあげ，
恋人たちは泣き，そして詩人たちは夢想する。
でも言葉は一言も聴こえない。
教会の鐘も全部壊れてしまった。

私が敬服する3人の男達
父なる神，キリストそして聖霊
彼らは最終列車で海岸に行った。
あの音楽が死んでしまった日に。

私達は歌い始めた…。

● 語句解説＆エピソード

1-2 **used to** 「以前は〜だった」（例）There used to be a movie theater on this corner.（以前はこの角に映画館があった。）
make me smile 「私を笑わせる」 使役動詞。（例）Karen's voice always makes me smile.（カレンの声を聴くと僕はいつも笑顔になれる。）

> ♪カレンと言えばやっぱり Karen Carpenter のこと。カーペンターズの４枚目のアルバム *Now and Then*（1973）の B 面は *Yesterday Once More* で始まり，同曲のリプライズで終わる。この曲がリチャード作の初の全米１位曲であったこと，いかにも「憧れのアメリカ」をほうふつとさせるアルバム・ジャケットであること，B 面の曲間に流れるギタリスト，トニー・ペルーゾの DJ トーク，そして何よりも，あの素晴らしいカレンのボーカルと，多重レコーディングによる彼らの売り物であるコーラスの見事さ。これらの背景を認識しつつ，聴いてみる価値のあるアルバムだと改めて思う。
> 時代は変わっても，詞が内包している響きは全く変わらず輝いている，それがカーペンターズの魅力なのだと，この本の作業を進めて実感したところだ。

5 **for a while** 「しばらくの間，一時」（例）John may stay here for a while.（ジョンはもうしばらくここにいるかも知れない。）
6 **love** この語を使った表現を幾つか挙げてみる。（例）① Love is blind.（恋は盲目。） ② John has a love of Japanese food.（ジョンは日本食が好きだ。）③ Join us for dinner, won't you? — Thank you. I'd love to.（夕食を一緒にいかがですか？——ありがとう。ぜひとも。）
7 **faith** 「信頼，信念，信仰心」（例）Ringo had no faith in his own ability.（リンゴは自分の能力を信じていなかった。）
9 **believe in 〜** 「〜の存在を信じる」（例）Have you ever tried to believe in yesterday?（昨日を信じようとしたことってあ

る？）

10 **mortal soul** 「死すべき運命にある魂」"the immortality of the soul"は「霊魂の不滅」。
11 **real** 「米口語：実に，全く＝very」（例）Paul and Linda had a real good time.（ポールとリンダは実に楽しい時間を過ごした。）
12 **be in love with 〜** 「〜と愛し合っている，〜に恋をしている」（例）If Lucy was in love with me, I would feel so fine.（もしルーシーが僕の恋人だったら，僕は最高の気分だろうなぁ。）
13 **gym**＝gymnasium 「体育館」
14 **kick off shoes** 「靴を蹴って脱ぐ」
15 **man** 「米俗語：おや，まあ」
did 強調表現。（例）Do feel free to e-mail me at any time.（いつでも遠慮なくメールして下さいね。）
rhythm and blues＝R ＆ B。1940年代以降，アメリカの黒人大衆音楽を指す用語として，差別的な意味合いのあった"Race Music"の代わりに使われるようになった言葉。60年代に入ると"Soul Music"という言葉が使われるようになるため，一般的にR ＆ Bと言えば，40〜50年代の黒人音楽の主流であったスタイル，すなわちゴスペルの高揚感とリズムにブルースの哀愁をミックスしたスタイルを指すことが多い。（『音楽用語辞典（リットーミュージック，2000年）』）＊一部カタカナ表記を英語表記に変えてあります。
16 **lonely** 「孤独な」 名詞形はloneliness。（例）Before long he began to feel hungry, lonely, and helpless.（やがて彼は空腹感，孤独感，そして無力感を感じ始めた。）
broncin' bronco（ブロンコ：北米西部産の半野生馬）の派生語。
buck 「元気な若者」
17 **a pickup truck** 「無蓋の集配用小型トラック」
18 **out of luck**＝off luck 「ついていない，運が悪い」

19 **the music** その音楽とは，ここでは作者が崇拝していたバディ・ホリーの音楽のこと。
   die 「死ぬ，枯れる」 映画のタイトルにもなった die-hard は「なかなか死なない者，がんこな」の意味。
22 **Chevy**＝Chevrolet 「シボレー」 米国製大衆向け自動車のこと，その愛称。米国でホーム・ステイした時，ステイ先のお父さんに頼んで，車のディーラー回りをさせてもらった。トヨタやホンダ（アキュラ）などの店をまわって，従業員と話をして，カタログをもらったりしている中で，「日本製の車の長所は mileage（燃費）がいいこととスタイル」と言っていたことを記憶している。最後に，ある小さな修理工場に連れて行ってもらった。そこの叔父さんにどんな車がよく故障するの？と聞いたら，「フォードが多いよ」とのことだった。80年代末のことなので，現在はもう状況が違うかも知れないが，「フォード（FORD）の車は別名 Fix Or Repair Daily なのだよ」と教えてくれた。
   levee 「川の護岸堤防，土手」
23 **dry** 「乾いた，雨が降らない」 反意語は wet。(例)It has been dry for two weeks.（2週間雨が降っていない。）
24 **the good ol'** [**old**] **boys** 「人の良い中年の男性達」
   rye＝rye whiskey
25-26 **that**＝when 関係副詞。
27 **who** 関係代名詞。
28 **ask 〜 for ...** 「〜に…を頼む」 (例)Linda asked Paul for a diamond ring.（リンダはポールにダイアの指輪をくれと言った。）
29 **turn away** 「視線や顔を背ける，〜を断る」
31 **where** 関係副詞。(例)Are there any place where we can be alone?（二人だけになれる場所なんてある？）
   I had heard 過去完了形。(例)John and Yoko had known each other for several years when they finally got married.

（ジョンとヨーコが結婚した時，彼らは知り合って数年経っていた。）
32 **the man there** 「そこにいた男＝店員」
33 **scream** 「金切り声を出す，子供がぎゃあぎゃあ泣く」
34 **poet** 「詩人♪，歌人」 （例)There were famous poets such as Homer, Agamemnon, Zeus and so on.（ホメロス，アガメムノン，ゼウスなどの有名な詩人達がいた。)

> ♪ブリトニー・スピアーズの第1作...*Baby One More Time*（1999）収録曲に *Soda Pop* があり，その歌詞中で上記の詩人名が出て来る。ブリトニーと言えば，単なるティーンズ・アイドル・ポップかと思いがちだが，僕は彼女の歌う楽曲が結構気に入っている。曲も詞もなかなか良い。いまどきの良質ポップスだなという感じは，日本でモー娘やスマップの曲を聴いて，結構良いんじゃないの，と思うのと同等かそれ以上のものがある。英国の雑誌 *MOJO* が特集した作曲家の互選によるベスト100曲に，何と彼女の曲が選ばれている。97位に *Baby One More Time* が入っているのだ。参考までに100位 *Desperado*/Eagles（1973），99位 *We Shall Overcome*/Peter Seeger（1959），98位 *Ever Fallen in Love*/Buzzcocks（1978）となっているから，曲自体もプロの目からしてもやっぱり良いのだ。

37 **the three men** ここでは神，キリスト，聖霊と表現されているが，実際は1959年飛行機事故で亡くなったロックン・ローラー，バディ・ホリー，リッチー・バレンズ，ビッグ・ホッパーの3人のことを指している。映画『ラ・バンバ』のラストでその事故の場面が出てくる。
admire 「敬服する，感嘆する」 （例)John should admire the way his aunt brought up him all on her own.（ジョンは叔母さんが自力で彼を育ててくれたやり方に敬意を表さなければならない。)
39 **They caught the last train for the coast.** 「彼らは海岸へ行く列車に乗ったのだ。」 つまりはあの世へ行ってしまったとい

うこと。

catch the train for　「～行きの列車に乗る」　miss the train（乗り遅れる），change trains（乗り遅れる）などの表現もある。

coast　「沿岸，海岸」　(例) Forrest ran coast to coast across America.（フォレストは米国の太平洋岸から大西洋岸まで走った。）

Music

● *曲及びアーティスト解説*

　アメリカでホーム・ステイをした時，食べ物に関して驚いたことの一つに「アップル・パイ」がある。息子さんを交通事故で失った，高校でコンピュータ・サイエンスを教えている旦那さんと，OLの奥さん。元々は息子さんのために作った部屋が，僕の住む部屋となった。車で10分ほど離れた所に，旦那さんの実家があり，数回招待されて訪れたのだが，その度に息子に向かって小言を言うお婆ちゃんの姿が印象深い。ステイ先に時々夕食を食べに来るお婆ちゃんが，ある時持って来てくれたのがアップル・パイだった。

　その大きさはLP盤より大きく，ぶ厚かった。推定体重100キロのホスト・ファーザーはただでさえ甘いそのパイに，生クリームをのせ，砂糖を振りかけて，コークを飲みながらそれを食べるのだった。それが日本で言う「おふくろの味」なのだと知ったのは，帰国してからのことだ。パイを嬉しそうに食べる旦那さんの姿，それを眺めるお婆ちゃんの優しい目，そして，食事時に決まって窓の外に現れ，置いてあるエサを食べる一匹のリス。アメリカという国の生の姿を感じることの出来たひとときだった。今でもラジオから毎日流れていたエアロスミスの曲 *Angel* がオーバーラップする。

　マドンナのサクセス・ストーリーは周知のところだろう。下積み時代の苦労話，セックス・シンボルとしてのアピールなどは勿論，84年にブレイクしてから今日に至るまでのチャート上の足跡もまばゆいばかりだ。*Like a Virgin* (1984) の作者，Billy Steinberg と Tom Kelly は *True Colors*/Cyndi Lauper (1986), *Alone*/Heart (1987), *So Emotional*/Whitney Houston (1988) でも全米1位を獲得した。

　Don McLean（ドン・マクリーン）がヒットさせたこの名曲を，映画のテーマ曲で再ヒットさせたマドンナ。ずっとアルバム *Like a Virgin* (1984) が一番良いと思っていた僕が，マドンナが歌う曲ってイイなと素直に感じてしまった。

　この本の締めくくりは英国ニュー・キャッスルで撮影した，Michael Schenker とのツー・ショット。これって現実だったのだろうか？と今でも思う。中学1年生で英語の学習を始め，英語を教える職業に就いて，ずっと英語に関わってきたことが，この写真に結びついているのだ。英語と付き合っていてよかったなぁと実感した瞬間だった。読者のみなさんなら，誰とツー・ショットを撮りたいだろうか？　その瞬間を迎えるまで，英語学習を是非続けてほしい。

　僕自身，こんな本が欲しかった。英語学習用と考えると，シェリル・クロウの *Sweet Child O' Mine* は「キラッと光る」選曲だったのでは，と感じていますが，いかがでしょう？（ガンズのライヴ盤も是非聴いてみて下さい。）　　　　　　　　　　［2000年：全米最高8位］

● *Let's use expressions!*

2 used to〜：〜したものだ
I can still remember how that music **used to** make me smile.
I **used to** think I couldn't handle it.
I **used to** think I had the answers to everything.

3 仮定法過去（完了）
And I knew that if I **had** my chance, I **could make** those people dance.
If John **had left** Abbey Road ten minutes earlier, he **would not have missed** the train.
I wish I **hadn't bought** such an expensive guitar.
Paul looks as if he **had seen** a ghost!

11 how to 〜：〜のやり方
And can it teach me, **how to dance** real slow?
I'll learn **how to bend**.
All I have to learn is **how to enjoy** without money.

27 who：関係代名詞
I met a girl **who** sang the blues
It's nice to know that there's someone I can turn to **who** will always care. (*I Won't Last a Day Without You*/Paul Williams, 1997)
I lost someone **who**'s near to me.

35 受動態
But not a word **was spoken**.
The church bells all **were broken**.
I won't **be surprised** if it's a dream.
From this day love **is forgotten**.
Everything feels new, it's magic to **be touched** by you.

参 考 文 献

Blundell, J., Higgens, J. and Middlemiss, N. 1982. *Function in English*. Oxford : Oxford Univ. Press.
江川泰一郎. 1991.『英文法解説』金子書房.
Flower, J. 1993. *Phrasal Verb Organizer*. LTP Language.
───── 1994. *Build Your Vocabulary 3*. LTP Language.
Heatherly, K. 2000. *American Pie*. NHK出版.
Leech, G. 1989. *An A-Z of English Grammar and Usage*. Edward Arnold.
McCarthy, M. and O'Dell, F. 1994. *English Vocabulary in Use*. Cambridge.
Sinclair, J.(ed.) 1990. *Collins COBUILD English Grammar*. HarperCollins Publishers.
Swan, M. 1995. *Practical English Usage New Edition*. Oxford: Oxford Univ. Press.
和田吉剛. 2000.『@WILL総合英語』美誠社.
Walker, E. and Elsworth, S. 1986. *Grammar Practice for Intermediate Students*. Longman.
Webb, C. 1963. *The Graduate*. Penguin Books.
Woods, E. 1998. *Penguin Grammar Workbook 2*. Penguin Books.

【辞書】
『ジーニアス英和辞典』1994, 2001. 大修館書店.
Longman Activator. 1993. Longman.
Longman Dictionary of Common Errors. 1987. Longman.
Longman Dictionary of Contemporary English. 1995. Longman.
『ロングマン英語正誤辞典』1991. 金星堂.
The Newbury House Dictionary of American English. 1996. Heinle & Heinle.

［著者紹介］

芳賀修栄〈はが　しゅうえい〉
1960年山形県生まれ。新潟大学人文学部（英語学専攻）卒業。
2000年6月-12月英国研修（文部省主催「中学校・高等学校英語担当教員海外研修・6か月研修プログラム」）。
現在，山形県立山形西高等学校教諭。
［Eメールアドレス：shuei002@hotmail.com］

アメリカン・ポップスの心
Ⓒ HAGA Shuei, 2002

初版第1刷──── 2002年6月15日

著　者────芳賀修栄
発行者────鈴木一行
発行所────株式会社 大修館書店
　　　　　　〒101-8466　東京都千代田区神田錦町 3-24
　　　　　　電話 03-3295-6231(販売部) 03-3294-2357(編集部)
　　　　　　振替 00190-7-40504
　　　　　　出版情報 http://www.taishukan.co.jp

装丁者────杉原瑞枝
イラスト────もん
印刷所────壮光舎印刷
製本所────司製本

ISBN4-469-24476-7　　Printed in Japan
〔日本音楽著作権協会(出)許諾 第0204911-201号〕
Ⓡ本書の全部または一部を無断で複写複製（コピー）することは，著作権法上での例外を除き禁じられています。